운의 기술

당신을 부와 성공으로 끌어당기는

운의 기술

초 판 1쇄 2019년 09월 24일
초 판 3쇄 2024년 08월 07일

지은이 최인태
펴낸이 류종렬

펴낸곳 미다스북스
본부장 임종익
편집장 이다경, 김가영
디자인 윤가희, 임인영
책임진행 이예나, 김요섭, 안채원

등록 2001년 3월 21일 제2001-000040호
주소 서울시 마포구 양화로 133 서교타워 711호
전화 02) 322-7802~3
팩스 02) 6007-1845
블로그 http://blog.naver.com/midasbooks
전자주소 midasbooks@hanmail.net
페이스북 https://www.facebook.com/midasbooks425

ⓒ 최인태, 미다스북스 2019, *Printed in Korea*.

ISBN 978-89-6637-710-7 03190

값 **17,000원**

당신을
부와 성공으로
끌어당기는

운의 기술

ART OF FORTUNE

최인태 지음

미다스북스

부와 성공을 가진
운명의 주인공이 되라

필자가 오래전부터 알고 지낸 자기계발 전문 강사가 있다. 그는 서양 성공학(成功學)의 원리를 바탕으로 습관 바꾸기, 시간관리, 동기부여 등으로 수만 명의 사람들에게 행복과 성공을 안겨주기 위해 강의도 많이 하고 책도 여러 권 저술했으며 방송에도 출연한 그 분야의 전문가다.

그로부터 어느 날 전화가 왔다.

"아무리 해도 사람의 운명은 바꾸기 힘든 것 같아요. 제가 사람들에게 아무리 가르치고 교육을 해줘도 좀처럼 타고난 성품과 습관이 바뀌지 않아요. 그래서 이제는 마음을 비우고 순리대로 교육을 한답니다."

필자가 보기에는 이 전문가처럼 서양의 자기계발 영역에서 연구를 많이 하고 방대한 독서량을 가지고 전문성을 갖춘 사람도 드물다. 그가 내게 진지하게 내뱉은 독백이기에 필자는 그가 했던 말을 한 번씩 음미하면서 자문해본다.

'운명이란 정말 바꾸기가 어려운 것일까?'

필자가 현장에서 상담한 사람은 이미 수년 전에 10만 명을 넘었다. 거의 젊은 청춘을 운명이라는 바다 속에 살며 해법을 찾기 위해 살았던 것 같다. 그런 운명학자로서 단언할 수 있는 것은 다음 한 가지다.

"나를 알게 되면 자신의 운명을 바꿀 수 있다!"

나를 안다는 것은 나의 운명(運命)을 안다는 것이다. 동양학에서 운명이 만들어지는 이치는 타고난 기운에 의해서 성품과 습성이 만들어지고 그 성품과 습성이 운명을 만든다고 본다. 그래서 타고난 성품과 습성을 아무리 연구한다고 해도 타고난 기운을 알지 못하면 운명은 결코 바뀌지 않는다. 예를 들자면 병(病)을 치료할 때 통증만 잠시 완화시키는 진통제나 겉의 환부만 치료해서는 병은 다시 재발하고 만다. 병(病)이라는 것은 뿌리를 찾아내서 근본을 고치고 도려내지 않는 한 완치는 힘들다고 보는 것이다.

타고난 기운이라는 것은 어떤 사람이 태어났을 때 연, 월, 일, 시에 형성된 별의 위치와 기운, 12절기의 영향 등을 포함한다. 타고난 기운이 성품과 습성을 만들지만 이것이 운명을 모두 좌우하지는 않는다. 살아가면서 항상 접하는 가택의 기운, 환경의 기운은 지기(地氣)로써 운명에 영향을 준다. 그리고 살아가면서 만나는 사람은 인기(人氣)로써 영향을 준다. 타고난 천기(天氣)와 지기(地氣), 인기(人氣)가 운명을 만드는 기본 골격이자 핵심이 된다.

『운의 기술』에서는 이렇게 운명이 만들어지는 근본적인 기운인 천기(天氣), 지기(地氣), 인기(人氣)가 어떻게 운명을 만드는지 구체적인 학문적 논리를 제시하였다. 그리고 천지인(天地人)의 기운을 받고 어떻게 인생이 만들어지는지 생생한 실전사례도 많이 넣었다. 마지막으로 천(天), 지(地), 인(人)의 기운을 직접 조정하고 창조해서 타고난 기운을 바꾸는 방법도 상세하게 설명했다.

동양학은 예부터 모든 분야에서 근본을 중요시했다. 한의학에서도 시력이 나쁘다면 단순히 눈을 고치는 것이 아닌 눈과 연결된 간의 기운을 살려준다. 간이 안 좋은 사람은 단순히 간을 치료하는 것이 아닌 간과 연결된 신장과 췌장의 기운을 살려준다. 풍수학에서도 밖으로 드러난 외형을 고치는 것이 아닌 보이지 않는 혈장의 위치를 파악하여 지기(地氣)의 기운을 바꾸는 제화법(除禍法)을 활용했다.

　당연히 운명학에서도 밖으로 드러난 성품과 습관을 고치려 하기 전에 그런 성품과 습관이 만들어질 수 없었던 타고난 기운(氣運)에 대해서 연구하고 파악을 했다.

　필자는 1,000년 제왕학(帝王學)인 역경(易經)의 원리를 바탕으로 운명을 바꿀 수 있는 근본적인 기운(氣運)인 천지인(天地人)의 세계로 들어가는 비밀의 문(門)을 열었다.

목차

1장 왜, 운(運)의 기술이 필요한가

2장 나를 아는 것이 운을 아는 것이다
- 운의 기술 첫 번째 조건

3장 사람을 얻는 것이 운을 얻는 것이다
- 운의 기술 두 번째 조건

4장 부와 성공을 끌어당기는 8가지 운의 기술

5장 좋은 기운을 받고 나쁜 운명 쫓는 운 컨트롤

• **일러두기**

이 책의 맨 뒤에 실려 있는 일러스트는 실제로 금일법 수련과 명상을 할 때 사용할 수 있도록 넣은 것입니다. 점선을 따라 절취해서 사용하십시오.

HAPPINESS · WEALTH · SUCCESS

왜, 운(運)의 기술이
필요한가

1

운의 기술은 당신의 운명을 바꾼다

> 天地之道 恒久而不已也(천지지도 항구이불이야)
> ; 하늘과 땅의 도는 영원히 이어져서 그치는 일이 없다.
> —『易經(역경)』

운을 알아야 사람을 얻는다

인생에서 더 큰 성공을 이루기 위해서는 두 가지 운(運)의 속성을 알아야 한다. 첫째, 자신의 타고난 기운과 능력을 파악한 후 부족한 것을 채울 줄 알아야 한다. 둘째, 자신의 운을 도와줄 사람을 잘 쓸 줄 알아야 한다. 이 두 가지 측면에서 삶의 균형을 잘 잡으면 자신의 행운을 다스릴 수 있다.

인간은 누구나 자기 욕심을 따라 산다. 누구나 자신을 보존하려 하고 이익을 취하려는 본성을 가지고 있다. 이것이 지나치면 자기 욕심을 위해 남에게 피해를 주고 남을 희생시키는 이기적인 사람이 된다. 그러나 남을 돕고 내 몸처럼 아끼면 그도 내게 그에 상응한 대우를 할 것이다.

내가 최선을 다해야 상대도 내게 최선을 다할 가능성이 높다는 것이 바로 운의 법칙의 가장 기초적인 명제다.

먼저 자신을 잘 알고 있으며, 그러한 자신에게 인재가 모여든다면 이미 절반은 성공했다고 봐야 한다. 인간사 모든 성패는 사람이 결정하기 때문이다. 나를 바로세우고 내 주변에 사람이 갖추어진 다음에 명심할 것은 균형이다. 목표와 투자, 결정, 행동에 있어서 어느 한쪽으로 치우치지 않고 조화롭게 일을 진행하면 어느새 크게 성장한다.

대부분의 성패는 여기서 좌우된다. 스스로 준비되어 있지 않은 상태에서 무리하게 도전하거나, 혼자서 모든 일을 다 하려고 하거나, 일과 가정에 균형이 깨지거나, 투자와 현실적인 자금 운용에서 무리수를 두거나 경쟁자를 제대로 파악하지 않고 무모한 행동을 하면 실패하거나 무너지게 된다.

지금으로부터 2,700여 년 전, 중국의 춘추전국시대 제(齊)나라의 뛰어난 재상 관중(管仲)은 경제를 발전시키고 군사력을 강화하여 제나라를 강대국으로 만들었다. 중국의 대표적인 역사가 사마천(司馬遷)은 관중의 정치를 다음과 같이 평했다.

"관중은 마치 물이 낮은 곳으로 흐르듯이, 끊임없이 백성의 의견을 수

렴하여 적절히 대처했다. 정책을 논할 때는 실행에 중점을 두고, 백성이 무엇을 원하는지를 먼저 생각하고 정책에 반영했다. 만일 실패를 해도 거기에서 교훈을 얻어 성공으로 이끌었으며, 끊임없이 균형을 유지하려고 노력했다."

그는 "얻고자 한다면 먼저 주라."라는 말에 토대를 둔 유연한 정치를 실현했다. 노자(老子)의 정치철학과도 유사한 관중의 철학은 정치뿐만 아니라 경제와 경영에서도 통한다.

MBC 〈다큐스토리-성공, 이유를 묻다〉에 나온 STG의 창립자 이수동 회장 역시 관중의 철학을 따랐다.

"세상에 저렇게 할 수 있는 CEO가 또 있을까?"

그의 모습을 가까이서 지켜본 STG의 한 직원이 진심어린 존경을 표하며 한 말이다.

이수동 회장은 무일푼이었던 30대 때 미국으로 이민을 가 연간 2천 억대의 매출을 올린 기업 신화의 주인공이다. 그는 직원들에게 회사의 이득을 최대한 돌려주기 위해 상상 이상으로 많은 복지를 보장한다. 직원 식사는 무제한으로 제공한다. 성과를 세운 직원에게는 즉시 성과금을 지불하고 전 직원 앞에서 상장을 주며 따뜻하게 안아준다.

직원을 먼저 생각하는 이수동 회장의 모습은 여기에서 그치지 않는다. 갑자기 중풍이 와서 수년 동안 입원해 있는 직원에게도 임금을 지불하고 직접 찾아가서 병문안을 했다고 한다.

R&D(연구개발)에 아낌없이 투자하고 얻은 이익은 직원과 함께 공유한 것이 그의 성공 비전이었다. 성공 가도를 달리는 기업들은 모두 이와 크게 다르지 않은 사람 경영을 한다.

균형과 조화의 중요성

운을 제대로 경영하고 싶다면 동서양의 모든 현자(賢者)들이 말한 것처럼 먼저 "너 자신을 알라."가 첫 번째다.

개인이나 기업이나 자신의 그릇을 제대로 파악하고 그것을 보완하기 위해 끊임없이 노력하고 연구해야 한다. 개인이라면 인간관계를 잘 맺어야 하고, 기업이라면 인재를 잘 등용해야 한다. 모든 면에서 좌우로 치우치지 않는 적절한 상태를 유지하고, 어떤 것이든 부족하거나 과하면 조화를 위해 무엇을 해야 하는지 자문해봐야 한다. 인간은 36.5도의 적정 체온을 유지해야 건강한 몸이 된다. 너무 높아도 안 되고, 너무 낮아도 안 된다. 적절한 균형은 우리의 몸뿐만이 아니라 회사의 경영이나 나라를 다스리는 치국(治國)에도 똑같이 적용된다.

중국 명대(明代)의 대표적인 명리서(命理書) 『적천수(滴天髓)』를 보면 기운의 조화에 대한 자세한 내용이 나온다. 「중화론(中和論)」에는 다음과 같은 글이 있다.

能識中和之正理(능식중화지정리) 而於五行之妙(이어오행지묘) 有全能焉(유전능언)

이는 "중화의 바른 이치를 잘 판별하면 오행의 묘리에 전능해진다."라는 말이다. 이를 조금 더 학문적인 논리로 풀어보자면 중화는 자평(子平)의 도(道)라 할 수 있다. 정신(精神)을 알고, 쇠왕(衰旺)을 분간하면 일원의 중용(中庸)을 알 수 있다. 부억지도(扶抑之道)는 단순히 세력(勢力)의 강약(强弱)을 조율하는 정법(定法)에 국한된 것이 아니므로, 기세(氣勢) 양면을 고려해야 하고 병약(病弱)을 가려 취(取)하는 법에 익숙해져야 한다.

한정된 지식 틀에 자만(自慢)하지 않고 새로운 지평에 도달해야 비로소 오행의 묘리에 밝아진다는 말이다. 명리학(命理學)의 핵심은 음양오행의 균형을 잘 살피는 게 핵심인데 그것을 『적천수』에서는 중화의 도(道)로써 자세히 설명하고 있는 것이다.

인생살이에는 생(生)과 사(死), 성공(成功)과 실패(失敗), 복(福)과 화(禍), 선(善)과 악(惡)이 있다. 이렇게 서로 상반된 음양(陰陽)이 교차하며 우리의 운명은 완성이 된다. 상반되어 보이는 이 다른 성질이 조화와 균형을 이루면서 안정되는 것이 본질이다. 자연은 음양의 조화를 위하여 음 속에 양이 있고, 양 속에도 음이 있도록 절묘한 배려를 하고 있다.

이것을 음양일체(陰陽一體)라고 한다. 그래서 음이 없으면 양이 없고 양이 없으면 음도 존재할 수가 없는 것이다. 이러한 이치로 인생을 살아갈 때 누구라도 부족한 기운을 안고 살아간다. 이 부족한 기운을 어떻게 보완하느냐가 성패를 좌우하는 결정적인 원인이 된다.

한쪽으로 치우치지 않는 중화의 도를 삶에 적용시켜보면 세상사 모든 것에 있어서 지혜롭게 운을 경영할 수 있다.

2

인생이 쉽게 풀리는 사람은 운의 기술을 가졌다

有志者事竟成(유지자사경성)
: 뜻이 있으면 마침내 이루어진다.
- 『後漢書(후한서)』

좋은 운(運)은 또 다른 좋은 기운(氣運)을 끌어당긴다

늦은 오후에 천문역원에 방문했던 노신사는 하는 일마다 잘돼서 크게 성공하신 분이다. 내가 그와 대화를 나누었다.

"선산의 위치는 동남쪽에 위치하면 좋습니다."

"네. 제가 사는 곳이 광주인데 동남쪽이면 화순 방향인데 그곳에 조상의 선산이 있습니다."

"사무실의 현관문은 서쪽이나 북쪽에 있으면 좋습니다."

"네. 해가 지는 쪽에 출입문이 있으니 서문이네요."

"상호나 이름은 토(土)금(金)의 자음이 초성이 좋으니 ㅇ,ㅎ 과 ㅅ,ㅈ,ㅊ 의 상호를 써야 좋습니다."

"네. 제 이름은 최재운이고 상호이름은 유성이니 다 들어가네요."

"숫자는 5,0과 4,9의 숫자가 어울려지면 좋습니다."

"제 비밀번호, 차 번호, 핸드폰 번호에 다 들어가 있는 번호네요."

필자는 웃으며 말했다.

"복이 참 많으신 분입니다. 모두 다 꼭 맞추어서 사시는 것처럼 모두 좋은 기운 속에 사시네요."

"네, 그러네요. 그런데 한 가지만 더 물어보겠습니다. 제가 직원들을 뽑을 때 어떤 기준으로 뽑아야 하나요?"

필자는 어떠한 띠, 몇 월, 태어난 일의 숫자, 태어난 시간까지 자세히 가르쳐주며 외형으로는 어떤 사람이 좋은지도 알려주었다. 그러자 그분이 호탕하게 웃으면서 대답했다.

"내 와이프가 선생님이 가르쳐준 띠와 날과 시간의 세 가지에 들어가고, 제 충복으로 30년간 함께 해온 부사장이 두 개 이상 들어가고 인상도 비슷하네요."

이렇듯 유독 하는 일마다 잘 풀리는 사람은 자신의 부족한 기운을 모두 보완하면서 살고 있다. 개인도 이러한데, 세계적인 기업을 일군 사업가나 각 나라를 대표하는 대통령이나 지도자들은 어떨까? 그들 중에서도 타고난 기운을 모두 보완한 사례가 많다.

세계의 대통령

흑인으로서 처음 미국의 대통령이 된 오바마 또한 타고난 천기(天氣)에 지기(地氣)와 인기(人氣)를 모두 얻은 대표적인 운이 좋은 케이스다.

그는 1961년 양력 8월 4일 19시 24분 하와이 호놀룰루에서 태어났다. 그는 여름의 뜨거운 미월(未月)의 기토(己土)에 태어났다. 용신(用神)법으로나 조후 상으로 봐도 그의 사주에는 북방(北方)수(水)의 기운이 가장 필요한 오행이 된다. 그는 태어날 때부터 부족한 수기(水氣)를 섬도시인 하와이에서 태어남으로써 보충했다. 그의 정치적 고향은 시카고다. 시카고는 일리노이와 미시간의 운하가 있고, 미시시피 강 수계(水系)가 연결된 수로(水路)의 대표적인 관문이다. 충분한 수기(水氣)를 보완해줄 지기(地氣)가 도와준 것이다.

동방(東方)목(木)의 나무의 기운은 그의 사주에서 병(病)이 되면서 흉(凶)이 되는 토(土)의 기운을 막아준다. 그의 관상은 흑인 중에서도 계란형의 동그란 형상인 수형(水形)이면서 손발이 유난히 길고 몸의 형태도 긴 목형(木形)을 받고 태어났다. 그리고 그의 얼굴색은 검정색인 수(水)의 형상이다. 일단 외형으로 보이는 양(陽)의 형상이 사주에서 가장 부족한 수(水)와 목(木)의 형상을 받았고, 피부색도 타고날 때부터 가장 필요한 수(水)의 기운을 받았다.

그리고 얼굴을 자세히 살펴보면 이마의 가장 가운데 자리인 록학당(祿學堂)과 고광학당(高廣學堂)으로 일컬어진다. 또한 학문과 명예, 권력을 관장하는 관록궁(官祿宮)이라고 하는데 이곳이 유독 밝고 좋은 형상이다. 정치인에게 특히 가장 중요한 주변 사람의 인덕과 음덕을 상징하는 형제궁(兄弟宮)인 눈썹과 채청관(採聽官)인 귀가 잘생겼다. 특히 귀에서는 귀아래 귓불이 둥그렇고 커서 아랫사람의 덕(德)이 많이 있음을 나타낸다. 타고난 관상과 골상이 부족한 기운을 보완해주는 것이다.

그리고 내면의 기운을 살필 수 있는 그의 목소리는 물을 부을 때 나는 소리처럼 둥글면서 맑은 수음(水音)이 가장 강하고, 여기에 청아하고 높은 목음(木音)이 섞여 있는 음성이다. 그리고 그의 눈을 보면 인자하고 순수한 목(木)의 기운과 깊은 물속 같은 수(水)의 형상이 섞여져 있다. 천기에서 부족한 부분을 관상과 골상으로 완벽히 얻었다.

유명할수록 불리어지는 이름은 중요하게 되어 있다. 소리에는 기운과

24

파동이 있기 때문이다. 세종대왕이 창제한 한글은 음양오행의 원리로 만들어진 언어다. 한글을 알면 세상의 모든 나라의 이름이나 지명을 오행으로 쉽게 풀 수가 있다. 참으로 대단한 언어의 체계이다.

그의 이름을 오행으로 풀어보면 '버락'은 수(水)화(火)목(木)목(木), '오바마'는 토(土)수(水)수(水)목(木)수(水)목(木)으로 풀 수가 있다. 한눈에 봐도 자신에게 필요한 수와 목의 발음을 많이 쓰고 있다.

불리는 이름까지 좋은 오바마에게는 가히, 세계 1위 강대국의 대통령이 될 만한 천기(天氣), 지기(地氣), 인기(人氣)가 모두 모여 있었음을 알 수 있다. 타고난 천기는 바꿀 수 없다. 하지만 인위적으로 지기와 인기는 얼마든지 바꿀 수가 있다.

하는 일마다 잘되기를 바란다면 부적이나 굿 같은 허무맹랑한 미신을 좇지 말고 자신의 타고난 천기를 먼저 알라. 그리고 부족한 것은 지기와 인기로써 보완하라.

마이클 잭슨

지금은 전설이 된 팝의 황제 마이클 잭슨은 1958년 양력 8월 29일 19시 33분 미국 '인디애나 주'에서 태어났다.

그의 명운(命運)은 한여름에 토(土)의 기운이 강한 사주다. 식신격(食神格)으로 천간에도 식신(食神)이 투출되어 매우 창조적인 성향과 창작성이 강하게 태어났다. 한여름에 태어난 그의 지지(地支)에는 화기(火氣)가 많이 암장되어 있고 화국(火局)으로 합(合)을 이루어서 북방(北方)수(水)의 기운이 용신(用神)이 된다.

그가 전 세계적으로도 흥행을 달리던 연도를 보면 모두 북방수의 기운이 강할 때이다. 바로 이곳에 주목할 필요가 있다. 북방수는 검정색인 흑색(黑色)이다. 그가 흑인으로 태어나서 천운(天運)으로 가장 필요한 색이 보완되었고, 얼굴의 형은 목(木)의 형상을 갖추었다. 그가 사망한 연도는 2009년이다. 수의 기운을 극하는 토의 기운에 요절한 것이다.

그가 썼던 마이클 잭슨이라는 이름이나 어릴 때 가족 그룹 잭슨파이브, 그리고 그가 솔로 곡으로 데뷔해 1위를 차지했던 〈벤(ben)〉, 문 워크(moonwalk) 등으로 유명한 〈빌리진(billie jean)〉 등 모두 북방(北方)수(水)의 네이밍과 제목이었다.

역시 천기(天氣)의 흐름도 13세부터 30년간 최고의 수운으로 들어오는데 특히 33세부터 10년간의 갑자 대운은 천간의 인(寅)의 분신인 갑목과 수의 기운 중 가장 강력한 자수가 어우러져 팝의 황제에 오르는 강력한 운이었다. 거짓말처럼 그의 대운은 52세 때 끝났다. 그는 2009년 52세때 심장마비 증상을 보인 후 사망했다. 서양 나이로는 50세지만 우리나라 나이로 그의 대운이 끝나는 52세 때 정확히 죽음을 맞이했다.

마이클 잭슨의 사주를 볼 때마다 느끼는 것은 운로(運路)의 흐름이 톱니바퀴처럼 맞아떨어진다는 것이다. 그리고 천기(天氣)상의 재주와 그가 성공하고 실패하며 죽음에 이르는 과정 또한 말 그대로 운명적이었다. 그의 재주를 세상에 활짝 꽃피우게 만들었던 네이밍의 행운법도 중요함을 보여준다.

3

모든 사람은 재운(財運)을 가지고 태어난다

知足者富 知足常樂(지족자부 지족상락)
; 만족할 줄 아는 것이 부(富)이고, 만족할 줄 알면 항상 즐겁다.
－『道德經(도덕경)』

소부(小富), 중부(中富), 대부(大富)

고금(古今)을 통하여 부(富)는 누구나 갖고 싶어하는 절대적인 욕망이다. 현장에서 수많은 상담을 하는 필자도 대부분은 재물에 관련된 문제를 상담한다. 누구나가 갖고 싶은 부(富)는 꿈은 꿀 수 있지만 원하는 만큼 소유하기는 쉽지 않다.

역학에서는 부자를 작은 부자(소부; 小富), 중간 부자(중부; 中富), 큰 부자(대부; 大富)라는 개념으로 격(格)을 정한다. 소부와 중부는 노력하면 누구나 될 수 있다는 것이 역학계의 정설이다. 하지만 대부가 되기는 쉽지가 않다.

대부는 갑부(甲富)라고 표현할 수 있는데 이런 사람은 하늘이 내린다고 말한다. 개인이 노력해서 될 수 있는 범주가 아니라는 뜻이다. 보통 갑부라면 대기업을 운영하는 정도를 말한다. 자산으로는 억만장자의 수준으로 수천, 수만 명의 사람을 먹여 살리는 정도의 부자를 말한다. 이 정도의 격을 판단할 때는 개인의 사주뿐만 아니라 부인의 사주, 조상의 음덕, 풍수의 조건 등을 다 살피게 되니 하늘이 내린다는 말도 과장은 아닐 것이다.

관상학의 부상첩경(富相捷徑)에서는 부자와 귀한 벼슬을 줄 수 있는 형상에 대해 이렇게 썼다.

"전체 형체가 두텁고 편안하며, 기운이 막힌 곳 없이 원활하고, 눈빛이 봉황의 눈과 같이 힘이 있고 밝게 빛이 나며, 음성이 단전에서 나와 울림이 있고 눈썹 생김이 윤택하고 귀가 두텁게 생겼으며, 입술이 붉고 콧대가 견고하며 코의 끝인 준두가 도톰하고 힘 있게 뻗어 있으며 양 코 옆의 광대뼈가 알맞게 감싸주고 걸음걸이와 서고 앉는 자세나 음식을 먹는 자세가 바르고 단정하면 부자가 된다."

세계 경제 규모에서 10위권을 오르내리는 대한민국에도 여러 갑부들이 있다. 참으로 자랑스러운 일이자 대단한 쾌거라고 볼 수 있다.

여러 갑부들 중에서도 하림그룹의 김홍국 회장은 관상에서 말하는 봉황의 눈동자와 부의 기상이 얼굴빛에 그대로 들어맞는 사람이라고 볼 수 있다. 그는 식량 자급률 54%, 곡물 자급률 24%의 대한민국에서 팬 오션 인수로 곡물 유통 메이저 기업을 꿈꾸고 있다.

김 회장은 모 언론과의 인터뷰에서 자신의 가치관을 다음과 같이 말한다.

"기업가들은 늘 위기와 마주해 있습니다. 어렵고 힘든 난관들을 헤쳐 나가는 건 기업인들의 숙명이죠. 그리고 어려운 상황을 극복하게 하는 첫 번째 요소가 긍정적인 사고입니다. 모든 상황에는 밝은 면과 어두운 면이 공존합니다. 비관하고 부정적으로 생각하면 기회는 멀어지게 마련입니다. 기회를 움켜쥐고 도전하려면 먼저 긍정적인 생각을 가져야 합니다."

그는 경제란 생태계라고 말한다. 시장의 작동 원리는 자연의 조화와도 같기 때문에 작위적인 요소가 개입되지 않아야 한다는 것이다. 이 생태계가 건강하게 유지되고 발전해야 한다는 신념과 "단순함을 추구하라."라는 경영철학으로 유명하다. 그의 가치관에는 음양의 이치를 깨달은 지혜가 보인다.

운의 기술

귀(貴)한 관상에 세상의 이치를 깨달은 그가 부귀를 가진 것은 어쩌면 당연하다고 볼 수 있다.

힘을 빌리는 능력(借力)

옛날에는 말을 빌리면 1,000리를 갈 수 있었다. 현대에는 자동차의 힘을 빌리면 1,000리는 물론이고 10,000리도 갈 수 있다. 또한 배가 있는 사람은 헤엄칠 줄 몰라도 어떤 강이나 바다를 건널 수 있다.

이렇듯 만물의 힘을 잘 빌려오면 자신의 힘 이상을 발휘할 수 있다. 한 개인이나 국가나 조직이나 크게 도약하기 위해서 자력으로 성장하기 전까지는 '힘을 빌리는 데(借力)' 지혜와 힘을 모아야 한다.

『삼국지』에서 조조는 천자의 이름을 빌려 군대를 움직이기 위해 정치적인 대의명분을 얻었다. 중원의 패권 다툼에서는 손책의 힘을 빌려 유표를 견제했다. 손책, 여포, 유비의 도움을 받아 원술을 격파했으며 나중에는 유비의 힘을 빌려 여포를 소멸하는 등 외력을 빌려 쓰는데 천부적인 재능을 발휘하였다.

인류 사회는 고도로 경쟁하는 환경이다. 이 속에서 세력이 약한 군소 조직이 자신의 힘에만 의지한다면 생존과 발전을 구하기 어렵다. 『삼국지』의 조조처럼 경제력, 기술, 명성, 지위 등 남의 힘을 빌려 쓰는 책략만 잘 운용해도 자신이 뜻한 바 목적을 이룰 수 있다. 특히 재물을 모으기 위해 큰 사업을 하고자 하면 혼자서 문제를 끌어안고 있는 것보다는 남의 힘을 빌려 쓰는 것이 훨씬 더 시간과 노력을 절약해서 성공할 수 있는 방법이다.

몇 년 전부터 인연이 되어 친해진 젊은 사업가는 처음에 유통업을 하다 이제는 부동산업에서 상당한 거물이 되었다. 그가 맨 처음 건물을 지어 분양하려 할 때 안절부절못하며 망설였다.

"은행에 돈을 빌려 건축을 해야 하는데 만약 분양이 안 되면 저는 망합니다. 잘될까요?"
"사주에 재운이 튼튼하고 운도 받쳐주니 좋은 기회입니다."

내가 안심시키며 상담해주었는데, 결국은 분양이 잘되어 그 돈을 바탕으로 계속 은행의 자금을 잘 활용해 지금은 건물 몇 채를 소유하고도 은행의 빚도 적당히 정리되어 안정된 자산가가 되었다. 그가 한 말이 지금도 생생하게 기억이 난다.

"제가 10년 동안 번 돈을 이제는 1년에도 법니다."

그가 은행의 돈을 빌리지 않았다면 꿈도 꾸지 못할 일이었다.

유대인 상인들은 밑천 없는 장사에 일가견이 있다. 그들은 돈을 꿔서, 돈을 벌고, 부자가 된다. 서양의 격언 중 이런 말이 있다.

"오로지 바보만이 자기 돈을 가지고 재산을 불린다."

세계적인 부자 중에서는 자본 한 푼 없이 시작한 사람도 많다. 물론 대책 없이 돈을 빌려서는 안 된다. 애초에 재운이 없는 사람은 사업을 하지 않는 것이 좋다. 그러나 사람과 은행과 국가의 힘을 자유자재로 활용하는 사람은 현대 사회의 갑부가 될 수 있다.

재물(財物)의 이치를 좀 더 명리학적인 관점에서 바라보자. 세상에서 계층을 구분할 때 쓰는 가장 상위 개념은 권력이다. 명리학에서는 권력을 관(官)이라고 한다. 이 관을 만들고 완성하는 것이 바로 재물이다. 그러므로 재물을 가진 기업 회장이나 부호들이 대통령, 국회의원, 군수가 되려고 하는 것은 당연한 이치다. 권력은 자신들이 열심히 모은 돈을 순식간에 뺏거나 상승시킬 수 있기 때문이다.

재물을 만들어주는 것, 재물의 바로 밑에 있는 것을 식상성이라고 한다. 또 다른 말로는 기술과 전문성, 남들과 다른 독창성과 혁신을 말한다.

혁신의 아이콘이 누구인가? 바로 스티브 잡스다. 그는 혁신과 창조와 독창성으로 세계를 바꾸었고 큰 부자가 되었다. 식상성이 재물의 뿌리다. 그러므로 이 시대는 누구라도 부자가 될 수 있는 황금시대이다. 생각해보라. 자신의 지식과 정보, 남다른 재주만 있다면 성공하는 시대이지 않은가!

요즘 핫한 유튜버로 뜨고 있는 박막례 할머니는 남의 시선에 아랑곳 않고서 하고 싶은 대로 북 치고 장구 치고 놀면서 100만이라는 구독자를 모았다. 광고 수입만 수천만 원이고 협찬도 받는다. 최근에는 책까지 출간했다. 한편 여섯 살 유튜버가 강남구 청담동에 95억 건물주가 됐다는 소식은 실시간 검색어 1위에 오를 만큼 뉴스거리가 됐다. 모두 다 스티브 잡스처럼 자신만의 개성과 독창성만으로 어마어마한 돈을 벌고 있는 것이다.

지금의 대한민국은 역사상 그 어느 때보다 쉽게 돈을 벌 수 있게 되었다. 그 어떤 나라보다 정보통신이 발달되어 재주만 있으면 유튜브나 소셜미디어 등을 통해 돈을 벌 수 있기 때문이다. 누구라도 부자가 될 수 있는, '봉이 김선달'이 될 수 있는 시대에 우리는 살고 있는 것이다.

4

무조건 노력한다고 성공하지는 않는다

非知之難也, 處知則難也(비지지난야 처지즉난야)
: 안다는 것은 어려운 일이 아니다.
아는 것을 시기에 따라서 어떻게 처리하는가가 어려운 일이라는 것이다.
– 『韓非子(한비자)』

타고난 그릇과 때를 안다는 것

다음과 같은 일화가 있다.

한 사람이 가로등 밑에서 열심히 무엇인가를 찾고 있었다. 이를 보고
지나가는 행인이 물었다.

"무엇을 그리 찾고 있습니까?"

"열쇠를 찾고 있소."

"열쇠를 이곳에서 잊어버렸나 보군요."

"아니요, 열쇠를 떨어뜨린 것은 저쪽인데 그곳은 너무 어두워서 혹시
나 밝은 이곳에 있는가 하고 찾아보고 있습니다."

그 이야기를 들은 행인은 한심하다는 듯 그 남성을 보고 지나가버렸으나 그 사람은 여전히 같은 자리에서 열쇠를 찾고 있었다.

저 위에서 열쇠를 찾고 있는 사람이 밤을 새워 찾아 헤맨들 열쇠를 찾을 수 있겠는가? 흔히 '번지수를 잘못 찾았다.'라고 하지 않는가. 노력이란 방향이 제대로 되어 있을 때 결실을 얻게 된다. 엉뚱한 곳에 노력을 쏟으면 기운만 탕진할 뿐이다.

우리는 주변에서 새벽부터 일을 하면서 1년에 단 하루도 쉬지 못하고 일하는 수많은 개미들을 본다. 그들이 모두 부자로 사는가? 또한 그들이 모두 편안한 말로를 보내고 있는가?

대부분 노동자들은 몸을 움직이지 못할 때까지 고생만 하다가 말년을 맞이한다. 그리고 골병을 앓는다. 또한 직장 생활에서 죽어라고 희생하고 충성을 다하는 대부분의 샐러리맨들은 나이가 들면 퇴직 당한다. 그들 대부분은 회사에 충성만 하다가 인생을 제대로 즐기지도 못하고 노년을 맞이한다. 12번 이상 사업에 실패한 사람은 13번째도 실패할 확률이 높다. 다른 사업을 해도 똑같은 사고방식과 행동 패턴으로 접근하기 때문이다. 더 엄밀히 말하면 그릇대로 가기 때문이다.

역학의 궁극적인 의미는 자신의 그릇을 아는 것, 그리고 때를 아는 것

운의 기술

이다. '그릇'이란 타고난 음양오행(陰陽五行), 즉 천기(天氣)이다. '때를 아는 것'이란 운로(運路)의 흐름을 파악하여 나아가고 물러날 때를 아는 현명함이다.

그릇을 알고 때를 알아야 하는 이유는 무엇인가? 당연히 부족한 그릇을 보완하고 채우기 위해서이다. 시행착오를 줄이기 위해서다.

우리는 세상을 넓은 시각으로 바라볼 필요가 있다. 뭘 해도 안 되는 사람이 있는가 하면 뭘 해도 잘되는 사람도 많다. 남이 평생 걸려서 이룰 일을 단 몇 년 안에 이루는 사람, 3대가 먹고살 정도로 큰 부를 가진 사람, 남은 한 번도 하기 힘든 국회의원을 4선, 5선, 6선까지 하는 명예를 가진 사람들은 무엇이 다른 걸까?

이렇게 성공한 사람들을 분석해서 일단 겉으로 드러난 행동과 습관을 풀어쓴 것이 요즘의 자기계발 서적이다. 이런 자기계발 서적 대부분은 저렇게 될 수밖에 없었던 성공자들의 성품을 집중적으로 연구한다. 그리고 그들의 행동 패턴도 분석한다.

하지만 안타깝게도 그들의 성품이 원래 그렇게 타고난 것인지, 노력해서 만든 성품인지는 누구도 명확히 제시하지 못한다. 이미 성공한 사람의 기준에서 이러이러해서 성공했다고 써놨으니 재미도 있고 '그렇구나' 공감이 될 수는 있다. 그러나 그들처럼 열심히 노력하고 부지런하게 살고 목표를 세우고 시간 관리를 철저히 해도 왜 큰 성공을 거두지 못하고 큰 명예를 누리지 못하는 걸까? 이 근본적인 이유를 밝힌 책은 어디에도 없다. 더욱이 성공의 시기와 때는 언급 자체가 되지 않는다. 이러한 때와 시기를 논하면 바로 점쟁이와 미신, 신비주의로 오인 받기 때문이다.

하지만 지금은 궁금하면 무엇이든지 알 수 있는 시대가 아닌가! 우리가 알고자 하면 모든 정보를 확인할 수 있다. 어떤 사람이 큰 성공을 하는가, 큰 명예를 누릴 수 있는 타고난 그릇은 무엇인가에 대해서 논하는 학문이 있다. 또한 사람이 언제쯤 성공을 하고 어떤 사람을 만나야 더 큰 성공을 어느 방향으로 진출할 수 있는지까지 논하는 이론도 있다. 이러한 모든 것을 담은 학문이 운명학이다. 운명을 연구하는 학문이 엄연히 존재하는 것이다. 대표적인 것이 동양에서는 명리학(命理學), 서양에서는 아스트랄로지(Astrology)다.

운명학을 알게 되면 내 운명의 장단점을 알게 되어 인생의 시행착오를 줄일 수 있다. 그리고 내가 어느 분야로 가야 가장 빨리 성공하는지 알 수 있는 천직(天職)을 알 수 있다.

시행착오(試行錯誤)

나는 현장에서 자신의 그릇과 때를 모르고 기운만 탕진하는 사람들을 많이 만난다. 상담을 했던 분 중에 모든 면에서 부족한 것이 없었지만 자식만은 자신의 뜻대로 되지 않는 아주머니가 있었다. 둘째는 연예인을 꿈꾸며 연기를 배우는 아이였고, 큰아들은 의대를 가겠다며 벌써 삼수째 수능을 공부하는 재수생이었다.

"둘째가 되고자 하는 연예인의 꿈은 조금 힘들게 나옵니다. 오디션은 보게 하고 그런 끼를 활용해 차라리 레크리에이션 강사나 인기 강사와 같은 직업도 괜찮게 나옵니다. 첫째는 의대는 힘들게 나오니 이번에는 재수를 시키지 마시고 대학에 보내시지요."

"자식들이 하고자 하는 꿈이 있는데 부모 된 도리로 어떻게 못하게 하겠습니까. 하는 데까지는 밀어줘야죠."

아마도 대한민국의 부모라면 누구라도 이와 같은 모정(母情)으로 자식들 편에서 밀어줄 것이다. 하지만 우리나라에서는 진로나 직업의 잘못된 선택으로 어마어마한 가계비 지출은 물론 시간 낭비, 그리고 인생 낭비를 하는 경우가 수도 없이 많다.

1년에 한두 번은 필자에게 오는 부부가 있다. 이 분들은 정말로 성실하고 누구보다 열심히 사시는 자영업자이다. 새벽에 일어나서 일하며 종업원도 쓰지 않고 벌써 10년이 넘게 장사를 해왔지만 항상 빚에 허덕인다.

"음식은 맛있다고 하는데 그걸로 끝입니다. 묘하게 다른 식당들은 맛

있다고 하면 소문을 많이 내주는데 저희 집 단골들은 소문을 안 내줍니다. 이번 달 월세는 잘 낼 수 있을지 모르겠어요."

그 부부는 장사 쪽이 아니고 공공근로를 다니더라도 월급을 받고 살면 편한 사주였다. 그런데 장사를 시작해서 온갖 고생을 다하고 있었다. 하루하루 최선을 다해서 사는데 빚은 늘어나고 자식들에게서도 돈을 많이 가져와서 부모 자식 간에도 사이가 멀어진 상태다.

이렇듯, 사업의 길이 아닌데 끝까지 장사를 한다고 해서 전 재산을 다 날리는 사람, 정치를 할 운이 아닌데 인생을 걸고 선거판에 뛰어들어 패가망신(敗家亡身)하는 사람, 교수의 사주가 아닌데도 끊임없이 공부만 해서 자신의 인생은 물론 부모의 노후도 망친 사람들이 얼마나 많은가!

이런 잘못된 선택으로 생기는 현실적인 피해는 상상할 수 없을 정도로 크다. 그래서 이제는 냉정하고 정확하게 자신의 타고난 운을 분석한 다음 천직(天職)의 길을 가야 한다. 한번뿐인 인생에서 시행착오를 줄여야 한다.

자신의 타고난 기운을 안다는 것은 화창하게 좋은 날에 휴대폰에 성능 좋은 지도앱을 가지고 산을 등반하는 것과 같다. 타고난 기운을 모른다는 것은 비바람이 치고 눈이 오는 날에 아무런 장비도 없이 맨몸으로 산을 올라가는 것과 같다.

한반도를 둘러싼 주변국 정상들의 관상

중국의 시진핑

약간 길게 네모진 동(同)자형과 좌우 볼이 살찐 풍(風)자형의 상으로써 토형(土形)과 수형(水形)의 결합으로 본다. 묵직한 성품의 토(土)의 성품과 바다와 같은 큰물을 상징하는 수(水)의 기운을 가진 시진핑의 상(相)은 현재 한반도를 둘러싼 열강들의 수장 중에서 가장 귀(貴)상으로 본다.

일본의 아베

좁은 이마와 긴 얼굴에 사이에 있는 큰 코가 특징이다. 이마는 명예와 명분이고 코는 실속과 재물이다. 현실에서 명분보다는 실리에 강해서 멀리 내다보는 안목이 부족하다. 지나친 실속을 좇다가 큰 대의(大義)를 놓치게 되는 상(相)이다. 목형(木形)과 화형(火形)이 섞인 얼굴이다.

미국의 트럼프

이마, 광대뼈, 턱뼈 쪽은 툭 불거져 나온 대신 좌우 눈 부위와 볼쪽의 살이 조금 빈약한 왕(王)자형과 아래턱이 강한 유(曲)자형이 혼합된 얼굴이다. 오형(五形)으로 보자면 지극히 실속적이고 현실적인 금형(金形)과 토형(土形)을 나타낸다. 너무 강한 기운으로 때로는 스스로 자충수(自充手)를 두는 상(相)이다.

러시아의 푸틴

푸틴은 강렬한 눈빛과 크지 않은 두상(頭相)이지만 뼈의 관골과 어금니 쪽이 강해서 일본 아베와는 정반대의 상을 가졌다. 실리보다는 명예가 강한 형으로 자신의 원칙과 명분을 위해서는 현실의 잇속에 관심이 없고 크고 멀리 내다보는 형이다. 화형(火形)과 금형(金形)이 섞인 형상이다.

운의 기술

5

왜 내 인생은 뜻대로 되지 않을까?

知過必改 得能莫忘(지과필개 득능막망)
; 자기의 허물을 알면 반드시 고치고, 능히 실행할 수 있는 것을 얻으면 잊지 마라.
— 『千字文(천자문)』

사람은 하나의 작은 우주 (小宇宙)

동양학의 모든 것은 자연에 바탕을 두고 있다. 우주와 자연이 그대로 세상 모든 진리를 담고 있기 때문이다. 운(運)이라는 것도 자연의 순환법칙을 연구하여 만들어진 것이다. 운을 제대로 알고 세상의 부귀영화의 원리를 제대로 파악하려면 좀 더 인간과 자연의 상관성을 유심히 살펴볼 필요가 있다.

사람은 하나의 작은 우주라고 볼 수 있다. 사람의 마음 바탕을 보면 하늘과 비교해서 다를 것이 없기 때문이다. 하늘에 별과 구름이 있듯이 사람의 마음에는 기쁨이 있고, 하늘에 진동하는 우레와 사나운 빗발이 있듯이 사람의 마음에는 분노가 있다. 자비로운 사람의 마음이 있는가 하면 부드러운 바람과 이슬이 있고, 엄격한 사람의 마음이 있는가 하면 염천의 햇볕과 찬 서리가 있다. 각기 다른 자연의 모습이 한데 어우러져 진정한 살아있는 자연임을 증명하듯 인간의 감정도 한데 어우러져 마음과 정신세계가 완성되는 것이다.

역학(易學) 또한 자연의 변화와 순환의 원리를 이해하고 받아들여서 학문으로 완성한 학문이다. 『주역』「설괘전(說卦傳)」에 보면 다음과 같은 글이 있다.

"만물을 움직이게 하는 데 천둥만 한 것이 없고, 만물을 요동치게 하는 데 바람만 한 것이 없으며, 만물을 건조시키는 데 불만 한 것이 없고, 만물을 기쁘게 하는 데 연못만 한 것이 없다. 만물을 적시는 데 물만 한 것이 없고, 만물을 끝맺고 시작하게 하는 데 산만 한 것이 없다. 그러므로 물과 불은 그 효응이 서로 미치고, 천둥과 바람은 서로 거스르지 않으며, 산과 연못은 서로 기운이 통한다. 이렇게 된 다음에 비로소 변화할 수 있고 만물을 완성할 수 있다."

이는 팔괘(八卦)의 형상과 의미를 자연에 빗대어 설명한 것이다. 이를 조금 더 구체적으로 표현한 것이 음양오행(陰陽五行)이다. 성내거나(木), 기쁘거나(火), 근심거리가 있든지(土), 슬프든지(金), 두려워하는(水) 감정과 바람(木), 더위(火), 습기(土), 건조(金), 추위(水) 같은 자연 현상, 얼굴의 이목구비, 인체의 오장육부 등을 음양오행으로 표현했다. 오행의 상생(相生)과 상극(相剋)을 활용해 인생 전반에 걸쳐 여러 가지 이론을 실생활에 적용했다.

결국 동양학에서 말하는 진리는 그 어떤 것도 옳고 그름이 있는 것이 아니고, 자연의 모든 것은 각각의 형상을 가지고 있으나 이러한 다름이 서로 섞이고 어우러지면서 만물이 완성됨을 말하는 것이다.

우리의 인생에서 일어나는 부귀빈천(富貴貧賤)과 희로애락(喜怒哀樂) 또한 좋고 나쁨이 없고 인생 전체를 볼 때는 다 의미가 있는 것이다.

그래서 장자는 말했다.

"내 몸이 내 것이 아니라 천지(天地)의 위형(委形)이고 생이 또한 내가 하는 것이 아니라 이것은 천지의 위화(委和)다. 성명이 또한 내 것이 아니라 천지의 위순(委順)이고 자손이 또한 내 것이 아니고 천지의 허물 벗음이다."

이렇듯 동양학은 자연의 모습에서 그 답을 찾았다. 우주 자연 만물의 이치가 사람의 몸과 정신에 그대로 드러났음을 학문과 수행으로 증명하였다.

먼저 내 그릇을 알고 하늘을 원망하라

살아가면서 문제가 생기거나 뭔가 꼬이는 이유는 태어났을 때 부족했던 근기(根氣)가 끊임없이 반복되어 나타나기 때문이다. 그래서 타고난 근기를 살펴본 다음 부족한 것을 채우는 것이 하는 일마다 잘되게 하는 핵심이 된다.

다음의 사례는 타고났을 때 관(官)의 기운이 부족한 사람이 공무원 생활을 하게 되어 힘든 경우이다. 부인과 함께 왔던 중년의 신사는 술을 많이 먹었는지 술 냄새를 풍기며 앉았다. 넋이 나간 듯 한숨만 쉬고 있었다. 필자는 무슨 큰일인 줄 알았으나 부인이 "우리 남편의 승진운(運) 좀 보러 왔네요."라는 것이었다.

그런데 사주에 워낙 타고난 관운이 약했고 운에서 관성을 살려주려면 몇 년이 더 필요했다. 그래서 어떻게 말해줄까 망설이고 있었는데 한숨만 쉬고 있던 신랑이 입을 열었다.

"내가 부끄러워서 살 수가 없어요. 이번에 또 떨어졌네요. 이번에는 수단과 방법을 안 가리고 최선을 다했는데 그렇게 믿었던 사람에게 배신을 당했습니다. 제가 앞으로 승진이 되겠습니까, 안되겠습니까?"

"솔직히 말하면 내년에도 조금 힘든 운이네요."

"그래요. 잘 알겠습니다."

이렇게 입을 떼는 순간 기다렸다는 듯 부인을 두고 나가버렸다. 스스로 이미 승진에 대해서 지칠 대로 지쳐 있었던 것이다.

과거로부터 명예와 권력은 가장 상위 개념에 속하는 인간의 욕망 중의 하나다. 모든 역사는 권력 쟁탈전 속에서 이루어졌다고 해도 과언이 아니다. 일반적으로 권력이란 타인을 복종시키고 지배하는 힘을 말한다.

사주학상으로는 어떠한 사람이 권력을 갖게 되는 것일까? 사주에서는 권력을 관록(官祿)이라 말하며 자기 자신을 억제하는 관성(官星)으로 나타난다. 관성의 길흉과 강약에 따라 관록의 정도가 달라진다. 적절한 관성은 자신을 제어하여 원만한 인품을 형성하여 사회적으로 빛이 난다. 그러나 관성이 미약하면 자신을 제어하지 못하여 방종하게 되고 지나치게 강하면 자신은 물론이고 많은 사람을 희생시키기도 한다.

사주에서는 관(官)은 관제, 규제의 뜻을 가지고 있다. 그래서 사주에 관이 있으면 규율된 생활을 하므로 품위단정하고 그 자세를 바르게 하며 고상한 인격을 가지게 된다. 또한 자기 제어력이 굉장히 강하다.

세상을 잘 다스리기 위해서는 수신부터 해야 한다. 수신에 필요한 것이 자신을 절제, 제어, 통제하는 자기 극복력이다. 자기 극복력이 큰 사람에게 운이 오면 큰 권력을 갖게 된다. 이것을 사주에서는 일주가 왕하고 관도 왕하다 하여 신왕관왕(身旺官旺)이라 하여 최고의 좋은 길명으로 권좌에 올라 개인의 일보다는 국익을 위하여 노력하게 된다.

위의 사례처럼 자신의 승진이 안 됐다고 세상이 끝난 것처럼 감정에 일희일비(一喜一悲)가 심한 것도 사주에 관성이 부족해서이다. 즉, 자신의 권력을 잡기 전에 오는 온갖 고초나 어려움은 웃으면서 넘길 수 있는 냉정한 자기 제어력이 부족한 사람이라면 큰 명예나 권력은 잡기 힘들다고 생각해도 무방하다. 직장 생활을 하면서 승진이 안 되고 원하는 자리로 못 가는 사람은 자신의 성품을 먼저 살펴봐야 한다.

세상 탓과 윗사람 탓을 하기 전에 자기가 어떻게 윗사람을 대하는지, 직장에서 어떤 일이 주어져도 그 일을 달게 받을 수 있는지, 아랫사람은 어떻게 리드하는지 잘 살펴보면 승진이 안 되고 관록을 쥐지 못하는 이유가 모두 자신에게 있음을 알게 된다.

타고난 기운을 보완하려면 먼저 자신의 기운을 제대로 알아야 하고 부족한 것은 지기(地氣)와 인기(人氣)로 보완해야 한다.

우리가 볼 때 항상 잘나가고 하는 일마다 성공하는 사람들이 있다. 그들은 세상의 모든 복을 받고 기가 막힌 운이 좋은 사람이라고 생각한다. 하지만 우리들은 그 사람의 인생의 전 과정을 지켜보지도 않았고 그가 어떻게 그러한 성공에 이르렀는지 알지도 못한다. 확실한 것은 우리가 볼 때 크게 성공한 사람이라면 그만큼 큰 실패와 좌절을 우리가 모르게 겪어온 사람이다. 그것이 자연의 법칙이다.

스스로의 힘으로 기업을 일으켜 투자하는 부동산마다 대박을 터트린 사업가가 있다. 주변에서는 그를 운(運)을 몰고 다니는 회장님이라고 한다. 그가 필자에게 처음 왔을 때는 큰 성공을 이루기 전이었다. 회사를 설립한 후 계속 투자만 하는 중이었고, 모든 자금줄이 막혔을 때였다. 항상 포기하고 싶다고 고민을 털어놨다. 그러나 그가 연구 개발했던 특허 상품이 중국에 수출되었고 국내 시장에서도 대히트를 치면서 그의 운은 물밀듯이 확 풀리게 되었다. 그 사업가와 오랜만에 식사를 하는데 그는 이렇게 말했다.

"사실 제 주변에서는 저를 굉장히 강하게 봐요. 그때 원장님에게만 눈물을 보이고 하소연을 했지, 제 남편도 저를 냉철한 철인으로 오인하죠. 그때 제게 힘을 주셔서 감사해요."

"저는 아무것도 한 것이 없습니다. 지금의 성공은 사장님이 마음속으로 결코 포기하지 않았기 때문이죠."

세상만사는 내 뜻대로 내 마음대로 되지 않는다. 하지만 한 가지 내 스스로 할 수 있는 것이 있다. 바로 내 마음이다. 성공과 실패를 단정하는 것은 바로 내 마음이다. 실패를 실패라고 인식하는 순간 아무것도 얻을 수 없다. 스스로가 이길 수 있다는 의지를 지니고 있는 한 아직 진 것이 아니다. 성공할 수 있다고 생각하는 한 아직 실패한 것이 아니다. 하는 것마다 안 되는 사람은 외부에서 원인을 찾으면 계속 안 풀린다. 모든 것은 나로부터 시작해서 현실이 만들어진다. 타고난 운은 어쩔 수 없다지만 지기(地氣)와 인기(人氣)로 얼마든지 부족한 운을 채울 수 있기 때문이다. 운이라는 것은 법칙을 알면 만들 수도 있고 조절할 수도 있다.

6

인생을 움직이는 보이지 않는 힘, 운

毫釐之差 禍福千里(호리지차 화복천리)
: 아주 근소한 차이로 화와 복은 천리지간으로 벌어진다.
- 『錦囊經(금낭경)』

돌부처와 불독

2005년 한·중·일 국가대항전이었던 '제6회 농심배 세계대회', 모두가 한국의 승리를 점쳤지만 이창호를 뺀 다른 4명의 선수들이 줄줄이 패배하고 만다. 이에 비해 중국은 3명, 일본은 2명의 선수가 남아 있었다. 한국이 우승하기 위해서는 이창호 기사가 5연승을 하는 방법뿐이었다. 그런데 결국 이창호 기사는 극적인 5연승으로 한국에 우승을 안겨주고 당당히 귀환한다.

당시 중국의 창하오 기사는 넋이 나간 표정으로 이런 말을 남겼다고 한다.

"한국 기사를 모두 꺾어도 이창호가 남아 있다면 그때부터가 시작이다."

이창호는 1975년 음력 6월 21일에 태어났다. 그의 일간(日干)은 병화(丙火)인 양화(陽火)이고, 그 밑에 깔린 지지(地支)가 동방(東方)목(木)의 기운(氣運)이 강하다.

명운(命運)과 대운(大運)을 보면 전체적으로 북방(北方)수(水)의 기운이 그의 학문성에 힘을 실어줬다. 서쪽의 금기(金氣)는 그의 재능을 세상에 드러나게 해서 현실에서 인정받게 함을 알 수 있다. 천간(天干)의 금(金)의 기운 대운인 17세부터 10년간의 신사(辛巳)대운과 27세부터 10년간의 경진(庚辰)대운 때 상금으로는 100억 이상의 돈을 벌었고 수많은 세계 기전에서 연전연승을 했다.

세계적인 바둑의 전성기에 가장 큰 인기를 끌었던 천재 기사, 〈응답하라 1988〉에서 박보검이 맡은 인물의 모티브였던 이창호 기사는 〈월간 바둑〉과의 인터뷰에서 자신의 바둑에 대해서 이렇게 말했다.

"저는 100점 짜리 수를 두려고 하지 않습니다. 80점의 수, 평범한 수를 두려고 노력해요. 꾸준히 80점의 수를 두는 것을 목표로 합니다. … 저는 뛰어난 수를 찾아내려고 노력하기보다는 실수를 하지 않으려고 노력합니다."

바위처럼 웃지 않고 포커페이스와 같이 아무런 표정도 읽을 수 없고 앉아 있는 모습이 마치 부처님처럼 크고 묵직하다 하여 '돌부처'라는 별명을 가지고 있다. 돌과 바위를 금(金)의 기운이라 하는데, 참으로 묘하게 천기(天氣)에서 필요한 것이 별명과 일치가 된다.

2차 세계 대전의 영웅이었던 영국의 윈스턴 처칠 수상 또한 이창호와 비슷한 기운을 가지고 있다.

그는 1874년 양력 11월 30일에 태어났는데 그의 사주도 지지에 동방 목의 기운이 강하고 가장 필요한 기운이 금(金)의 기운이었다. 그가 최초로 국회의원이 된 해가 1900년 경자(庚子)년의 일이고, 1940년 전시 내각의 수반이 된 것도 경진(庚辰)년이었다. 모두 금(金)의 기운이 왕성할 때에 자신의 뜻을 이룬 것이다. 그는 당시 독일에 불요불굴(不撓不屈)의 의지로 맞섰던 강력한 리더십을 가진 지도자였다. 1940년 5월 13일 대국민 연설에서 유명한 말을 남겼다.

"나는 피, 수고, 눈물, 그리고 땀밖에 드릴 것이 없습니다."

독일이 패망하는 그날까지 싸우겠다는 전쟁의 의지를 드러낸 것이다. 그래서 그의 별명은 '전시(戰時)의 불독'이다.

그는 어릴 적 말더듬이에 낙제생이었다. 사수 끝에 겨우 샌드허스트 왕립사관학교에 입학했다. 그러나 그 윈스턴 처칠은 영국의 전설적인 수상이자 가장 존경받는 정치가이며 노벨문학상 수상자이고 화가이기도 하다. 그의 인생 철학은 수상직 퇴임 후의 옥스퍼드대학 졸업식 연설에서 가감 없이 드러난다.

"You, Never give up. You, Never give up! You! Never give up!"

한 줄의 문장을 점점 크고 또렷하게 외쳤을 뿐인, 이 역사상 가장 짧은 연설은 포기를 모르는 곧고 단단한 그의 삶을 말해준다. 이러한 강력하고 무너지지 않는 기상이 모두 금(金)의 기운과 일치가 된다.

이창호

윈스턴 처칠

운의 기술

이창호와 처칠을 관상학에서 볼 때 일치되는 것이 또 있다. 바로 입이다. 항상 입을 꽉 다물고 힘을 주니 입꼬리가 살짝 내려와 있다. 너무 내려오면 모든 복(福)이 흘러버리지만 두 사람은 적당히 내려와 있다. 입 끝이 올라간 것이 양(陽)의 기운이라면 입의 끝이 내려온 모양을 음(陰)의 형상이라고 한다. 처칠과 이창호의 입은 심모원려(深謀遠慮)의 대표적인 음(陰)의 형상이다. 깊이 고려하는 사고와 멀리까지 내다보는 생각을 말한다.

두 사람 모두 다 타고난 천기(天氣)에서 부족한 것을 결정적으로 인생의 승부가 결정될 때 운에서 도와주었다. 그리고 얼굴, 골격, 기색, 자세, 행동 등 관상이 타고난 천기를 많이 보완해주었다. 관상이 사주보다 좋으면 우리가 보지 못하는 조상의 음덕이나 덕행을 많이 베풀었다고 본다.

유명한 사람들의 운을 전체적으로 보면 이창호는 초년에 운이 들어와서 일찍 꽃을 피웠고, 처칠은 말년에 나라를 구하고 세계를 구한 위대한 사람이 되었다. 이렇듯 천기(天氣)를 아무리 좋게 태어났다고 하더라도 운의 때가 되어야 제대로 꽃을 피우게 된다. 하지만 대부분의 사람은 눈앞에 펼쳐지는 현실에서만 모든 것을 보려 한다. 특히 어린아이들을 판단할 때는 우선 보이는 학업 성적이나 학교생활로 인생 전체를 단정 짓는 어리석음을 범한다.

셋째가 복덩이예요

아이 셋을 둔 중년의 아주머니가 왔다. 그런데 두 부부의 사주는 여름에 조열(燥熱)한 명(命)을 가진 수기(水氣)가 허(虛)한 사주였다. 셋 중에 막내만 빼놓고는 첫째와 둘째의 사주에도 수기(水氣)는 없었다. 헌데 막내의 사주는 겨울에 태어나서 바다를 상징할 만큼의 양수(陽水)가 충분한 사주였다. 이 집안의 용신(用神)인 맑고 좋은 수기를 막내아들이 갖고 있었다.

"막내 사주가 복덩이네요. 이 아이가 막내지만 나중에 큰아들 역할도 할 겁니다."
"예? 의외군요. 그 아이가 공부를 제일 안 해서 우리 부부는 걱정이거든요. 첫째, 둘째는 알아서 공부를 잘하는데 그 아이는 친구만 좋아하고 운동만 좋아해서요."

필자는 웃으면서 말했다.

"이 아이가 태어나고 나서 집안에 아빠의 사업이 잘되고 두 부부의 애정운도 좋아지고 집안 분위기 또한 좋아졌을 텐데요."
"그렇긴 하네요. 그 아이가 태어나기 전 정말 아빠의 사업이 힘들었거든요. 그리고 우리 두 부부도 만날 싸움하느라고 집안이 조용할 날이 없었고요. 이 아이가 태어나서 사업은 안정되었어요. 그리고 애가 워낙 밝아서 집에서는 애 별명이 개그맨이에요. 애 때문에 웃어요."

"지금 공부를 못한다고 해서 이 아이의 인생을 단정 짓진 마세요. 나중에 사회생활 잘하고 효도도 제일 많이 할 겁니다."

실제로 현장에서 상담을 하다 보면 현재의 상황만을 보고 모든 것을 판단하는 사람이 많다. 특히 자녀들에 있어서는 공부를 못하면 인생 자체가 끝난 줄 아는 부모가 대단히 많다. 하지만 좋은 대학을 나오지 않아도 출세한 사람은 얼마든지 있고 실패자로 낙인 찍힌 사람이라도 언제 그랬냐는 듯 대성한 사례 또한 많이 있다.

나훈아는 레코드 취입곡 2,447곡이 히트를 치지 못했다. 베이브 루스는 삼진만 1,330번을 당했다. 에디슨은 51세에 축전지 발명을 시작해 57세까지 30,000번의 실패를 겪고 다시 5년이 지나서야 축전지를 완성했다. 도스토옙스키는 20년 넘게 글을 쓴 40대 중반까지도 평론가들로부터 "너저분하게 쌓인 잡동사니 같은 글만 쓴다."라는 평을 받기도 했다.

그러나 지금은 어떤가? 나훈아는 자타 공인 한국 트로트의 황제가 되었다. 그는 120곡이 넘는 히트곡을 작곡한 싱어송라이터이기도 하다. 베이브 루스는 홈런왕이자 MLB 역사상 최고의 선수이자 야구의 신으로 명예의 전당 최초의 5인이다. 에디슨은 축전지 외에도 2,300여 개의 제품을 만들었다. 근대 이후 사회에서 가장 많은 제품을 개발, 발명했다고 해도 과언이 아니다. 도스토옙스키는 20세기 학계를 뒤흔든 유명 철학자, 심리학자, 소설가들의 찬사를 한 몸에 받았다. 지금까지도 러시아에서는 그를 푸쉬킨 다음으로 러시아를 대표하는 작가로 꼽는다.

인생은 지금 이 순간만 있는 것이 아니다. 크고 길고 넓게 봐야 한다. 자신은 물론이고 가족이나 주변 사람 중에 문제나 골칫거리가 있다면 그것은 그 사람의 현재의 모습일 뿐이다. 미래의 그 사람은 어떻게 변할지 아무도 모른다.

우리가 눈으로 보지 못하지만 인생을 좌절시키고 실패하게 하며 열매를 맺고 성공시키는 보이지 않는 운로(運路)가 있다. 운로의 전체 길을 안다면 자신에게 일어나는 여러 가지 사건들에 초연할 수 있다. 『역경(易經)』을 창조했던 옛 선조들은 자연의 흐름에도 계절이 있고 일정한 순환의 법칙이 있듯이 인생에도 운의 흐름이 있다고 본 것이다. 운의 속성을 알게 되면 인생을 살아가는 데 있어 보다 더 현명한 선택을 할 수 있다.

7

운을 내 것으로 만드는 사람들의 비밀

자기 자신을 등불로 하고 자기를 의지할 곳으로 삼으라.
– 석가모니

자신의 그릇을 안다

어느 날 오후, 중년의 남성에게 필자는 이렇게 말했다.

"선생님은 이미 큰 재물을 버셨으니 자중하시고 정치나 감투직의 명예는 삼가십시오."

"예, 맞습니다. 저는 항상 구설수와 시비가 잘 붙어요. 저희 어머니가 저를 어렸을 때부터 절의 스님이 그랬다고 항상 겸손하고 정치는 하지 말라고 하셨어요."

그는 인정을 하고 앞으로도 그렇게 살 것이라고 말했다. 실제로 그는 성공을 거둔 후에 계속해서 주변의 명예나 감투직을 제의 받았지만 모두 거절했다. 부(富)를 쌓은 것에 만족하고 조용히 은둔형의 스타일로 세상을 살아가고 있었다.

세상을 살아갈 때 운을 내 것으로 만드는 사람들은 저 남성처럼 일단 자기 자신을 충분히 알고 있다. 그리고 자신을 과신(過信)하지도 않고 단점은 보완하고 안 좋다는 것은 조심하고 무리한 행동은 삼가한다.

특히 인생을 살아가면서 큰 탈이 없이 무난하게 사는 사람들은 주변의 인간을 조심하고 최대한 관리를 잘한다. 왜 그럴까? 인간관계에서는 고무줄처럼 서로 연결되어 있는 작용과 반작용의 힘이 영향을 미치기 때문이다. 고무줄을 당기면 다시 되돌아가듯 일정 수준 이상 앞으로 나아가면 반드시 주변의 시기와 질투라는 반발력이 작용한다. 그것을 딛고 일어서려면 엄청난 힘이 필요하다. 내 힘이 강해서 반발력을 잘라버리면 상관없지만 대부분의 사람들은 반발력으로 인해 되돌아오거나 오히려 있던 힘도 잃어버린다.

세상에서는 이것을 일컬어 "발목 잡힌다."고 한다. 일단 발목을 잡히면 그것이 사업이든 정치든 앞으로 나아가지 못하고 더디게 일이 진행되게 된다.

역학(易學)에서 말하는 모든 것의 핵심은 자연의 생사(生死)와 소멸(消滅), 그리고 순환(循環)이다. 상생(相生)은 오행이 만나 서로 생(生)해주는 것을 말한다. 나무는 불을 살려주어 목생화(木生火), 태양은 흙에 생기를 주니 화생토(火生土), 흙은 쇠나 암석을 보호하고 만들어주어 토생금(土生金), 암석이나 바위에서는 물이 나오니 금생수(金生水), 이렇게 오행이 생(生)해주는 것을 상생이라고 한다.

하지만 이 오행은 서로를 극하는 작용을 하는 상극(相剋)의 의미도 있다. 나무는 흙에 뿌리를 내리고 자양분을 빨아먹는다(목극토: 木剋土). 불은 쇠를 녹인다(화극금: 火克金). 흙은 제방처럼 물을 막을 수 있다(토극수:土克水). 톱이나 도끼로 나무를 자른다(금극목: 金克木). 이와 같이 오행은 극(剋) 작용으로 자연의 조화를 부린다.

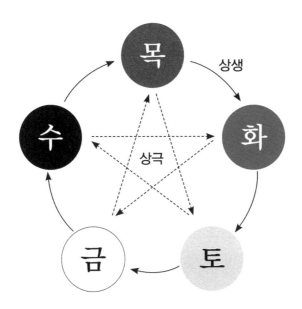

이러한 상생(相生)과 상극(相剋)의 원리가 세상의 원리다. 내가 성공을 했다면 그만큼 베풀고 나누어주어야 한다. 이러한 상생의 원리를 안 다음 나에게 공격이 들어오거나 공격이 필요할 때는 망설임 없이 상극의 원리를 잘 활용해야 한다.

나무는 물로도 살지만 적당하게 톱이나 칼로 가지치기를 해줘야 성장이 된다. 흙속에서 광물이나 암석이 만들어지나 그 광물이나 암석을 변화시키고 정제시키는 역할은 불이 있어야지만 진정한 쓰임새가 있게 되는 이치다.

매일 굿(good)

내가 현장에서 상담을 할 때도 이러한 상생과 상극의 이치를 깨달은 사람들은 다가오는 운로가 아무리 힘들고 평탄치 않아도 자연스럽게 극복하는 것을 많이 보았다.

필자에게 왔었던 한 중년의 남성은 음식 체인점으로 유명한 분이다. 그의 별명이 '매일 굿(good)'이다.

"제가 이 음식점 장사를 시작한 지가 10년이 넘었는데요. 항상 저희 집은 잘되고 제가 체인점을 내준 곳도 모두 잘되니 제 별명이 '매일 굿'이 됐네요."

그가 그의 인생을 독백할 때는 삶의 모든 지혜가 숨어 있었다.

"제가 어렸을 때 부모님은 돌아가시고 사업도 열두 번 실패했습니다. 지금 하는 체인점은 그간의 실패 경험이 밑바탕이 되어서 완성되었습니다. 그래서 저는 체인점주들에게 혜택을 많이 줍니다."

실제로 그는 사업을 시작하려는 사람들에게 최소한의 비용만 받고 자신같이 시행착오를 겪지 말라며 많은 것을 알려주고 도와주었다. 그래서 자신의 체인점을 받아간 사람들은 지금껏 이 불황기에도 나름대로 선전하고 있다고 했다. 그는 인생에서 다양한 상극을 이기고 난 다음 상생으로 자신과 같이 힘든 사람을 도와주었다. 그 사람들이 다시 소문을 내주어 지금은 상당히 큰 체인점의 회장님이 된 것이다.

19세기 최고의 시인이었던 헨리 롱펠로는 이렇게 말했다.

"추녀 끝에 걸어 놓은 풍경도 바람이 불지 않으면 소리가 나지 않는다. 바람이 불어야 비로소 그윽한 소리가 난다. 인생도 평온무사만 하다면 즐거움이 무엇인가를 알 수가 없다. 괴로운 일이 있음으로 해서 즐거움도 알게 된다. 기쁜 일이 있으면 슬픈 일이 있고, 즐거운 일이 있으면 괴로운 일도 있다. 이처럼 희로애락이 오고가고 뒤엉키어 심금에 와 닿아서 그윽한 인생의 교향악은 연주되는 것이다."

항상 운을 내 것으로 만들고 싶은가? 롱펠로가 말한 것처럼 인생의 희로애락(喜怒哀樂)에 일희일비(一喜一悲)하지 말라. 삶에서 일어나는 어떤 사건이나 힘든 것도 음양의 관점에서 보면 의미가 있는 것이다.

음양의 상대적인 법칙과 상생, 상극의 법칙을 알수록 우리의 인생은 보다 충만해진다. 그리고 어느새 운도 조절할 수 있게 된다.

8

운의 기술을 알면 성공 키워드가 보인다

機不可失 時不再來(기불가실 시부재래)
: 기회를 놓치지 말라. 때는 다시 오지 않는다.
― 『舊唐書(구당서)』

강남스타일

가수 싸이는 〈강남스타일〉로 전 세계를 휩쓸었다. 칭기스칸이 기마 부대를 이끌고 전 세계를 누빈 것처럼, 독특한 말 춤으로 전 세계인을 춤추게 만들었다. 싸이의 엄청난 성공 속에는 운(運)의 법칙이 숨어 있다.

싸이의 사주에는 임수(壬水)라는 큰물이 두 개나 있다. 싸이가 빌보드 차트 2위를 차지한 해가 2012년 임진(壬辰)년이었다. 역학의 용어로 일간(日干)에 임(壬)과 월간(月干)에 임(壬)과 당년(今年)해의 임진(壬辰)년 임(壬)이 만나 삼임(三壬)이 되었다. 삼임(三壬)이란 '삼임상운(三壬相連)'이라 하여 용신(用神)이 잘 도와준다면 부귀가 장구하고 명예가 영달한다고 한다.

임(壬)의 성질은 바닷물과 큰물로 비유하여 운의 흐름을 파도와 같이 그대로 탄다. 소위 속성(速成)속패(速敗)하는 사주에 임(壬)이 많이 있다. 또한 그의 관상은 전형적인 물형(水)에 속하는 둥그런 이미지를 가지고 있다.

재밌는 것은 그의 6집 앨범의 재킷이다. 비행접시(UFO)같은 모양에 자신의 캐릭터는 인어와 용을 본따 물속을 헤엄치는 모습을 앨범의 사진으로 찍었다. 우리는 예부터 용왕이라 하여 바다의 왕을 용으로 본다. 또한 용은 물을 만나야 승천한다. 용띠 해에 수(水)의 형상을 가진 싸이는 임수가 3개나 모이는 자신의 타고난 기운을 가지고 용과 물고기의 형상과 합성한 재킷으로 전 세계를 누비고 있다.

또한 전 세계를 〈강남스타일〉로 춤추게 만들고 흔들게 만든 6집 앨범의 재목이 '6갑'이라는 것도 우연치고는 놀랍다. 갑(甲)은 천간의 첫 번째 글자로 모든 시작이자 끝이고 가장 높은 것이라 표현된다. 육갑(六甲)은 모든 자연의 이치를 60갑자로 표현할 때 10의 단위로 기운이 달라지는데 그 첫 번째가 갑이다. 세상의 모든 자연의 모습이 돌고 도는 것을 60갑자로 표현했고 그것을 줄여서 6갑이라고 표현한다. 싸이는 인터넷을 통해 전 세계인과 소통하며 순식간에 전 세계적인 인기를 얻게 되었다. 세상의 모든 것과 통(通)한다는 점에서 6갑(甲)이라는 제목은 참 묘하게 잘 맞아 떨어진다.

이 앨범을 만들었던 사람들은 아마 역학의 이론을 모르고 만들었겠지만 앨범 재킷이 물(水)의 기운인데 수(水)에서 갑(甲)은 목(木)에 해당되는 식상성에 해당된다. 식상성은 창조와 문화, 예술의 꽃이라고 표현한다. 싸이의 타고난 기운, 외모, 앨범의 재킷 디자인과 제목까지 놀랍도록 역(易)의 이론으로 상생(相生)이 되고 있다. 음악과 춤이라는 중독성이 강한 예술로 전 세계를 집어삼킨 이유는 동양학자의 입장에서 보면 결코 우연이 아니라고 본다.

조금 더 싸이를 통해 운의 법칙을 알아보자. 우리가 흔히 쓰는 "말이 씨가 된다."라는 말이 있다. 그리고 가수는 "부르는 노래 가사처럼 인생이 펼쳐진다."라는 말도 있다.

싸이가 가장 인기를 누렸던 노래의 제목이 〈새〉와 〈챔피언〉이다. 그리고 〈강남스타일〉은 '갈 데까지 가볼까'라는 가사가 정점(頂點)을 이루는 노래다. 말 그대로 전 세계를 새처럼 날아서 어디까지 갈지 모르는 진정한 챔피언이 된 것이다.

그가 얼마 전에 모 방송국에 나와 인터뷰를 할 때 다음과 같은 말을 했다.

"저는 어떤 책에서 읽은 '노력이 기회를 만나면 운(運)이 된다.'는 말을 제 평소의 신조로 여기고 살고 있습니다. 그리고 제 자신에게 부끄럽지 않을 정도로 열심히 노력했습니다.”

싸이는 작사와 작곡을 하는 것으로도 유명하다. 서인영, 토니안, 쿨, 이승기 등의 노래 작곡에 다수 참여했다. 콘서트를 할 때도 자신이 직접 모든 상황을 꼼꼼히 체크한다고 한다. 엄청난 성공 뒤에는 역시 엄청난 준비가 있었던 것이다. 이렇게 엄청난 노력과 준비를 하면 때가 될 때 운은 발복(發福)이 된다. 그래서 불굴의 의지로 운명을 개척한 사람들은 말한다.

“현대와 같은 과학 문명 시대에 정해진 운(運)이나 고정된 운명(運命) 따위가 어디 있느냐, 운명이란 개척하는 것이다.”

현장에서 명(命)을 보고 운(運)을 논하는 동양학자의 입장에서 보면 운을 믿는 것도 믿지 않는 것도 모두 맞다. 왜냐면 불굴의 의지로 노력을 하다 보면 결국에는 성공할 수밖에 없는 것도 운(運)의 법칙을 제대로 알면 맞는 말이기 때문이다. 정해진 운과 고정된 운명을 얼마나 극복하여 자신의 좋은 운으로 바꾸어내는가에 성공인생의 비밀이 숨어 있는 것이다.

지재유경(志在有逕: 뜻이 있는 곳에 길이 있다.)

동양학의 관점에서 타고난 명(命)에서 부족한 것이 별들의 위치와 12절기에서 만나는 계절적인 기운, 사람, 땅, 음식의 기운 등이 보완될 때 운이 좋아진다고 본다. 천기(天氣)가 좋아지면 동기감응의 법칙에 따라 귀인도 만나게 되고 좋은 방위도 알게 되고 좋은 약도 구하게 된다. 때문에 길운(吉運)일 때는 모든 일이 술술 풀리듯 좋은 일만 생기고, 악운(惡運)일 때는 나쁜 일이 연달아서 몰아서 오는 것처럼 느끼게 된다.

여기에서 운의 법칙을 제대로 파악해보자. 길운(吉運)이 오면 좋은 방위에서 좋은 귀인을 쉽게 만난다고 했다. 역학상의 방위에는 12방향이 있다. 운이 좋아진다면 움직일 때 12번의 방향 중 가장 먼저 좋은 방향을 만나게 된다. 그리고 사람을 만나도 가장 좋은 사람을 단번에 만나게 된다. 운이 나쁠 때는 정반대가 된다. 가는 곳마다 나쁜 방위가 되어 영업도 안 되고 거래도 안 되고 하는 일마다 꼬이게 된다. 또한 직원을 뽑거나 동업자 혹은 후원자를 구해도 나를 힘들게 하고 괴롭히는 사람을 만난다. 사기꾼도 만나고 결국에는 배신할 사람을 만나게 된다.

이렇게 운과 현실의 기운은 일치가 된다. 하지만 세상에서 보면 항상 잘 풀리는 것처럼 보이고 항상 이기는 사람들이 있다. 물론 그 사람들에게도 운은 계절처럼 작용한다. 결코 좋은 운이 계속 올 수가 없다는 이야기다. 그들은 운이 나쁠 때 좋은 장소를 만나고 귀인을 만날 때까지 남들보다 두 배, 세 배 많게는 10배까지도 움직이고 행동한다. 이렇게 되면 결국은 시행착오만 생길 뿐이지 결국에는 좋은 방향과 좋은 사람을 만나서 뜻한 바를 이루는 것이다.

운명이나 동양학을 전혀 모르는 사람도 행동하고 움직이다 보면 좋은 방위도 만나고 귀인도 만나게 되고 체질에 맞는 음식도 알게 된다. 많이 행동하고 움직일수록 자신의 부족한 기운에 무엇이 맞는지 알게 되고 그러다 보면 천기(天氣)의 운을 보완할 수 있게 된다.

이러한 운(運)의 법칙을 알게 되면 결코 운은 숙명처럼 다가오는 것만 있는 것이 아니고 행동과 의지로 인해 조절하고 만들 수도 있음을 알게 된다. 남들보다 두 배, 세 배, 네 배 움직이고 공부하고 행동하다 보면 어느새 자신의 타고난 명을 보완할 수 있게 되는 것이다.

그렇다면, 운의 기술을 몰라도 열심히 하다 보면 성공할 수 있는데 왜 예부터 운을 알려고 하고 바꾸려고 했을까? 시행착오를 줄이기 위해서다. 무조건 길을 나서서 좌충우돌 다니면서 목적지를 찾는 사람보다는 처음부터 목적지를 알고 중간에 오르막이 있는지 내리막이 있는지도 아는 사람이 같은 시간에 더 많은 것을 이룰 수 있다.

성공하고 싶다면 운의 기술을 알아야 한다. 답답하고 일이 안 풀릴 때 가장 어리석은 것은 아무것도 안 하는 것이다. 운명을 바꾸고 싶으면 동양학에 눈을 떠서 운과 명을 공부하든지 아니면 남보다 월등히 움직이고 행동해서 스스로 운을 보완해야 한다.

지재유경(志在有逕) 즉, "뜻이 있는 곳에 길이 있다."라는 말이다. 이 말은 동양학자의 입장에서 봐도 절대적인 진리다.

동양과 서양의 야구 천재

마리아노 리베라

뉴욕 양키스의 전설적인 마무리 투수인 마리아노 리베라는 메이저 리그 역사상 최초로 만장일치 명예의 전당 입성자가 됐다. 그는 1969년 11월 29일 파나마에서 태어났다. 그의 천기(天氣)를 보면 서방(西方)금(金)의 기운에서 재능을 발휘했고 남방(南方)화(火)의 기운에서 명예가 완성됨을 볼 수 있다. 그의 관상은 전형적인 마르고 긴 목(木)의 기운이 턱 아래쪽의 각도나 귀를 살펴보면 화(火)를 생(生)해 줌을 알 수 있다. 그리고 이빨과 입술이 잘 배합되어 반듯하고 뼈와 살이 야물게 형상된 금(金)의 골상(骨相)을 가지고 있다. 부족한 천기가 관상(觀相)으로 보완된 것이다.

스즈키 이치로

미국 야구계는 리베라처럼 만장
일치로 입성할 다음의 후보를 일본
출신 스즈키 이치로로 본다.

메이저리그 통산 3,089안타,
5,000도루, 10년 연속 골든 글러브
를 달성하고 공격과 수비, 주루에
있어 모두 최상위권의 성적을 낸 살아있는 전설이다.

1973년 10월 22일에 아이치 현에서 태어났고 음력 9월에 신금(辛金)일
주(日柱)에 태어났다. 천기(天氣)의 대운(大運)을 살펴보면 신강사주에 남방
(南方)화(火)의 기운이 용신(用神)이면서 재능을 발휘하고 동방(東方)목(木)
의 기운이 명예를 주는 것을 알 수 있다. 그는 고등학교 때부터 두각을
나타냈는데 15세부터 30년간 남방화의 대운(大運)이 시작됐고 45세부터
30년간 동방목의 기운이 흐르고 있다. 대운(大運)은 운로(運路)의 환경이
기에 상당히 운이 강한 사람임을 알 수 있다.

그는 어떤 기자의 질문에 이런 말을 했다. "노력하지 않고 무언가를 잘

해낼 수 있는 사람이 천재라고 한다면, 저는 절대 천재가 아닙니다. 하지만 피나는 노력 끝에 뭔가를 이루는 사람이 천재라고 한다면, 저는 맞습니다."라는 말을 했다. 전형적인 목화(木火)의 기운을 가진 사람의 사상이다.

그의 관상 또한 전형적인 목화(木火)통명(通明)의 형상이다. 고서(古書)에 이르길 "목형(木形)인(人)은 길고 여위며 나무같이 곧아야 한다. 목형인은 항상 의욕적이며, 나무같이 꺾어지더라도 굽히기를 싫어하고 인자하나 노하기를 잘한다. 화형(火刑)인(人)은 불꽃이 타오르는 듯 붉고, 기는 활발하며 위는 뾰족하고 아래는 넓다. 귀는 귀 둘레보다 안에 있는 뼈가 더 강하다고 되어 있다. 한마디로 말하면 마르고 날카로워 보이고 눈동자에 총기가 살아있는 형상이다."라고 되어 있다.

야구 선수들의 꿈인 메이저리그 명예의 전당에 만장일치로 입성한 리베라와 곧 입성할 후보인 이치로는 천기(天氣)를 보완해주는 훌륭한 관상(觀相)을 가지고 있다. 그러나 그보다 더욱 중요한 것은 그들의 철저한 자기관리와 노력이었다.

메이저리그 명예의 전당

HAPPINESS · WEALTH · SUCCESS

운의 기술 첫 번째 조건

나를 아는 것이
운을 아는 것이다

좌절하면 하늘도 도울 방법이 없다

행운(幸運)은 마음의 준비가 있는 사람에게만 미소를 짓는다.
– 파스퇴르

운(運)은 계절처럼 변한다

나무는 항상 그 자리에 있는 것 같지만 계절을 지나면서 여러 가지 변신을 한다. 나무를 화분에 넣어 방안이나 사무실에 들여놓으면 어떻게 되는가? 바깥에서 바람이 불든 눈이 내리든 비가 오든 햇볕이 너무 강하게 쬐든 안전하게 보호를 받으니 전혀 위험하지 않다. 하지만 인간의 도움이 없으면 방 안에 들여온 나무는 서서히 죽어가게 된다. 스스로 할 수 있는 것이 아무것도 없기 때문이다. 싱그러움이 시들고 벌레가 들어와도 내성이 없기 때문에 대부분 죽게 되어 있다. 삶을 영위하고 지속시키는 도전이 없는 까닭이다.

그러나 자연 속에 방치된 나무는 어떤가? 태양이 뜨겁게 내리쬐면 나무는 더 많은 물을 빨아들인다. 태풍이 불면 나무는 더욱 깊이 뿌리를 내린다. 비가 많이 내리면 뿌리가 튼튼해져 땅과 더욱 밀착이 된다. 벌레가 들어오면 처음에는 이기지 못하지만 나중에는 내성이 생겨 웬만한 병충해는 스스로 이겨내게 된다. 자연이 선사하는 투쟁을 통해 나무는 자립심과 강인함을 얻는다. 우리의 삶도 마찬가지다. 삶에서 다가오는 시련은 스스로를 단련시킨다.

언제나 밝고 화사한 얼굴로 오시는 분이 있다. 벌써 15년 단골이다. 그는 누가 봐도 부족함이 없는 분이다. 그분이 맨 처음 와서 꺼낸 이야기는 딸이 도대체 얼마나 살 수 있을지였다.

"남편 집안과 제 집안에는 소아마비가 없어서 맨 처음 병원에서 진단을 받았을 때는 도무지 믿을 수가 없었어요. 아이의 명(命)이 얼마나 되나요? 사람 구실은 하고 살까요?"

그의 얼굴은 금세 어두워졌다. 필자는 두 부부의 사주를 같이 풀어본 후 대답을 했다.

"단명(短命) 사주는 아니에요. 어느 부모나 아기에겐 귀인이지만 특히 이 아이의 어머니 자리는 굉장히 의미가 있어요. 그리고 같이 천기(天氣)를 풀어보니 어머니가 이 아이에겐 생명줄이자 등대가 되네요. 어머니가 포기하지 않으면 이 아이는 사람 구실도 하고 생각했던 것보다 훨씬 좋아질 겁니다."

"제 역할이 중요하다는 말씀이죠. 제 목숨을 바쳐서라도 이 딸이 좋아진다면 최선을 다해야죠."

이렇게 다짐하듯 말했던 그녀는 그 뒤로 쭉 단골손님이 됐다. 당연히 올 때마다 딸 소식을 들으니 어떻게 크고 있는지도 소상히 알게 되었다. 아이의 재활에도 최선을 다하며 포기하지 않고 학교에도 보냈다. 그리고 나머지 두 아이도 훌륭하게 키웠다. 최근에 그분이 다시 왔다.

"저희 딸이 사회복지 시설에 취직이 되어서 같이 소아마비를 앓고 있는 아이들을 지도하고 상담해주는 역할을 해주고 있어요. 그리고 대부분은 제 도움 없이 혼자서 해내고 있어요."

그는 기쁨과 동시에 자신이 지금까지 인내했던 눈물까지 포함된 눈물을 흘리고 있었다. 사실 어렸을 때 아이의 단명을 물어보았을 때 초년 20년의 대운(大運)이 너무 안 좋았다. 그래서 필자도 굉장히 불안했는데 어머니의 지극 정성이 초년의 악운(惡運) 20년을 보내고 이제 좋은 운의 시작을 맞이하고 있었다.

길중유흉(吉中有凶) **흉중유길**(凶中有吉)

: 좋은 것이 있는 가운데 나쁜 것이 있고, 나쁜 것이 있는 가운데 좋은 것이 있다

석창우

수묵 크로키의 대가 석창우 화백의 인생은 악운(惡運)이 왔을 때 어떻게 대처해야 하는지 잘 보여준다. 그는 전기기사로 일할 때 2만 2,900볼트의 고압전기에 감전되어 두 팔과 발가락 2개가 까맣게 타버려 절단해야 했다.

"내 나이 이제 겨우 스물아홉 살인데, 이제 어떻게 하나?"

아내와 두 아이가 있는 젊은 가장은 순식간에 무직자로 전락했다. 병원에서 퇴원한 뒤에도 빈둥빈둥 놀 수밖에 없었다. 그런 그를 구해준 것은 담담히 가장의 책임을 떠안은 아내였다. 어느 날, 천진난만한 아들은 그에게 그림을 그려달라고 했다. 아들에게 하나씩 그림을 그려주면서 삶의 무료함을 달래기 위해 의수 갈고리에 연필을 끼우고 그림을 그려가기 시작했다. 그런 그의 그림을 보고 아내가 말했다.

"당신, 팔 있는 사람보다 그림을 더 잘 그리네요."

아내는 낙천적인 성격이었다. 그때부터 남편이 그림에만 열중하도록 배려해주었다. 그래서 그는 그림을 배워보려고 했다. 그래서 학원을 여기저기 기웃거렸지만 받아주는 데가 없었다.

"팔 없는 사람이 어떻게 그림을 그려요?"

궁리 끝에 그는 한 대학교수를 찾아가 매달렸다. 그 교수도 처음에는 고개를 갸웃거리다가 그림 포기할 때까지만 같이 해보자며 그의 청을 마지못해 받아들였다. 그때부터 그의 유일한 희망은 그림이 되었다.

"비장애인들은 할 일이 많으니까 집중하기가 어렵죠. 그런데 저는 할 수 있는 일이 이것밖에 없거든요. 그래서 남들이 3시간 하면 저는 10시간을 꼼짝없이 앉아서 연습했어요."

처음에는 온종일 연습하고 나면 허리가 빠질 듯 같았고, 며칠씩 몸살도 앓았다. 그런데 어느 날부터 갑자기 모든 행동이 가뿐해지기 시작했다.

"제 몸이 아니라 누군가 저를 움직여주는 것 같았어요. 끊어질 것 같던 허리가 온종일 앉아 있어도 괜찮아졌죠. 마음도 믿기지 않을 정도로 홀가분해졌고요."

그러면서 그는 전국 그림대회에서 입상하는 일도 잦아졌다. 한 중학교 미술 교과서에는 그가 그린 〈세종대왕〉이 실렸다. 지금은 개인전 40회, 시연 170회(해외 45회) 등 수묵 크로키의 대가가 되었고 2014년 소치 동계 패럴림픽에서 전 세계인의 주목을 받는 퍼포먼스를 진행했다.

그는 1955년 5월 22일에 태어났다. 그의 운로(運路)를 살펴보고 그의 신앙을 보면 양력 생일이 본명(本命)이다. 그는 정확히 25세부터 44세까지 20년 대운(大運)이 악운(惡運)으로 흘러갔다. 정확히 45세부터 그는 대운의 흐름이 길운(吉運)으로 바뀌었다. 악운에 포기하지 않고 피눈물을 흘려서 노력했던 그림이 세상에 밝고 큰 빛으로 드러난 것이다.

불가의 석가모니는 신체적 요소 색(色), 느낌 애(愛), 생각 상(想), 의지 행(行), 인식 식(識)의 다섯 가지 요소들의 복합체인 인간은 아무리 많은 물질적, 정신적 요소들이 채워져도 항구적인 만족을 할 수가 없다고 했다.

즉 인간으로 태어난 이상 누구라도 고민을 안가질수 없고 어떤 위치에 있더라도 불만이 없을 수가 없다는 소리다. 그래서 석가는 눈으로 변하는 현상의 세계에서 빠져드는 지옥을 벗어나기 위해 마음의 깨달음을 얻어 열반의 경지에 오르면 이 풍진세상을 살아가면서도 평온한 미소를 지을 수 있다고 한 것이다.

운명학 중에서 현실의 상황을 가장 잘 드러낼 수 있는 것은 얼굴의 상이다. 관상에서 가장 중요한 것이 왜 심상(心相)인지 독자들은 다시 한 번 생각해봐야 할 것이다. 얼굴의 평온한 상을 유지하려면 마음이 평온해야 하고 마음이 평온해지면 운의 흐름도 화평의 기운으로 흐르게 된다.

길중유흉(吉中有凶) 흉중유길(凶中有吉), 즉 좋은 것이 있는 가운데 나쁜 것이 있고, 나쁜 것이 있는 가운데 좋은 것이 있는 현상을 말한다. 이렇게 반(反)하면서도 성(成)하고 변(變)하면서도 변(變)하지 않은 음양오행의 속성을 알게 되면 세상사 모든 현상에 대해서 초연함을 가질 수 있다.

운은 계절처럼 변한다. 결코 악운(惡運)이 계속 될 수는 없다. 악운 다음에는 반드시 길운이 오는 것은 하늘의 법칙이다. 악운일 때 좌절하고 포기하면 하늘이 준비한 길운을 결코 받을 수가 없다. 스스로가 포기하면 결코 하늘도 도와줄 수가 없는 것이다.

2

우울함은 있던 운도 달아나게 한다

자기 신뢰가 성공의 제1의 비결이다.
– 랄프 왈도 에머슨

하늘이 내려준 복(福)도 밀어내는 사람

좋은 일은 자기 탓이라 하고, 나쁜 일은 남의 탓이라고 생각하는 사람들을 종종 보게 된다. 이런 사람들은 모든 것을 자신의 위주로 생각하기 때문에 상대방에 대한 이해나 배려는 눈꼽만큼도 없다. 그래서 자신이 잘못한 것도 남 핑계를 대며 위기를 모면하려고 한다.

이런 성품을 명리학에서는 자신의 생각과 주관이 강한 비겁성(比劫星)이 강하고 음(陰)의 기운이 강하며 예의범절과 타인을 생각하는 관성(官星)의 성품이 거의 없다고 말한다.

필자에게 왔었던 30살이 훌쩍 넘은 아가씨는 이처럼 극단적으로 이기적인 성품을 가지고 있었다. 어머니와 같이 왔던 그 아가씨의 사주에는 부정적이고 남 탓을 잘하는 성품이 보였고 어머니를 상징하는 자리가 타들어가는 마른 땅의 형상처럼 기울어 있었다. 이렇게 되면 어머니 입장에서 볼 때 딸이 어떤 식으로든 굉장히 힘들게 한다. 하지만 이 딸에겐 어머니가 생명의 물줄기처럼 귀인이 되어서 결정적일 때에는 자신의 문제를 다 해결해주게 되어 있었다.

필자가 딸에게 이러한 것을 설명하며 어머니에게 잘 좀 하라고 말하려고 하는 찰나 그 딸이 정반대의 말을 툭 던졌다.

"우리 엄마는 그렇게 할 일이 없는지 저만 보면 시집가라, 기술 좀 배워라, 친구 좀 가려서 만나라 하시면서 저를 들들 볶네요. 제 나이가 몇살인데 이런 간섭을 받아야 하나요? 그리고 제가 데리고 온 남자는 무조건 싫대요. 그러면서 시집은 가라고 하네요."

옆에서 듣고 있던 어머니가 긴 한숨을 쉬면서 말했다.

"딸이 데리고 온 남자들마다 온전한 직장도 없고 결혼할 아무 준비도 안 돼 있고 껄렁껄렁하게 반건달처럼 보이는데 어떻게 그런 사람들과 결혼을 하라고 하겠습니까?"
"또 시작이다. 아이, 짜증나. 나 시집 안 갈 거야!"

딸은 팩 토라지듯 말하며 자리를 박차고 나갔다. 마흔 살이 다 되어가는 처자의 모습은 사춘기 중학생보다 더 속없어 보였다. 어머니의 사정을 들어보니 어렸을 때부터 모든 것을 다 엄마가 챙겨주었고 지금까지 용돈을 타서 쓴다고 한다. 그런데 항상 짜증내고 엄마 탓을 하면서 자신의 행동과 말이 어떻게 비춰지는지 전혀 자각하지 못하고 있었다. 하늘이 자신에게 내려준 가장 큰 귀인을 몰라보고 탓을 하며 주는 복도 밀어내고 있는 것이다.

징징대지 말고 스스로를 자각(自覺)하라

삶을 떳떳하고 당당하게 살아가려면 자각(自覺)하는 힘을 길러야 한다. '자각'이라는 말을 사전에서 찾아보면 '자기 스스로의 결점이나 책임이 무엇인지를 스스로 깨닫는 것'이라고 쓰여 있다. 자신을 스스로 돌아보는 자각하는 힘은 모든 종교나 철학에서도 가장 중요한 요소로 통하며 사주학이 만들어진 이유도 자신의 장단점을 음양오행의 관점으로 자각하기 위해서이다.

자신은 남을 단죄하고 평가하면서 스스로는 결코 고치려 하지 않고 바뀌지 않는다면 그 사람은 항상 우울할 수밖에 없다.

나에게 왔었던 그 젊은 주부는 이제 결혼 3년차가 되는 새댁이었다. 그녀의 사주는 한마디로 말하면 똑똑한 사주였다. 논리적인 머리와 고지식한 바른 모습이 나무랄 데 없는 사주였지만 그 장점이 그녀에겐 단점으로 작용되었다.

"신랑의 모든 것이 싫어요. 경박하고 배려심이 없고 대화도 질이 떨어져 말도 하기 싫어요. 그리고 시어머니만 좋아하는 신랑을 보면 철없는 마마보이 같아 정말 결혼한 게 후회가 돼요."

시어머니에 대한 단점도 끊임없이 나왔다. 나는 그의 말을 듣다가 말을 중단했다.

"그 단점을 보기 전에 장점은 눈에 안 보이던가요?"
"네. 무슨 장점이요? 장점이라곤 하나도 없어요."

그는 집안의 장녀로 태어나 큰아들 역할을 하며 가난한 부모님을 대신해 동생들도 대학에 보내고 부모에게도 잘했다. 일에 있어서는 완벽성을 지향하는 여성이었다. 하지만 신랑은 사랑과 칭찬을 받아야 잘 크는 화초 같은 사주였다. 항상 단점만 지적하는 부인과 상대하기 싫어 저녁에는 늦게 들어오고 친구들만 찾고 어머니에게만 의지하는 생활이 반복되고 있었다. 나는 그녀에게 자기 자신을 객관적으로 바라보는 시각이 필요하다는 것을 느꼈다.

"사실 본인은 아주 논리적이고 똑똑해요. 하지만 본인 사주에는 관성이 없고 상관이라는 성분만 있죠. 쉽게 말해 나 자신 외에는 쉽게 다른 사람을 인정 못 하는 게 있어요. 그리고 남편을 나타내는 성분이 약해요. 어떤 남자가 들어와도 내가 만족하기에는 부족하다는 말이죠."

그녀는 쉽게 인정하려 들지 않았다. 자신의 완벽주의가 남편에게는 감옥 같은 부담으로 작용하여 남편이 집안에도 편하게 못 들어오고 있음을 모르고 있었다.

사람은 완전하기 어렵다. 아무리 훌륭한 사람도 결점을 가지고 있고 잘못을 저지르는 점에서 예외일 수 없다. 문제는 불완전한 인간이 완전함을 바랄 때이다. 일반적으로 사람들은 자신의 불완전함은 탓하지 않고 남의 부족함을 원망하고 불만을 가지게 된다. 이럴 때 서로를 이해하지 못함으로써 서운함이 생기고 감정이 생기고 나중에는 원한까지 생기게 된다.

그래서 『서경(書經)』에는 이런 구절이 있다.

"여인불구비(與人不求備) 검신약불급(檢身若不及)"

"다른 사람을 대하는 데 완벽을 요구하지 말고, 자신을 단속하는 데 부족한 존재처럼 여기라."

즉 인간의 타고난 불완전성을 인식하고 타인에게 완벽하기를 바라지 않아야 관계가 부드러워지고 상대의 완벽을 바라지 않으면 그만큼 불만이 줄어들고 다툼의 소지가 없어진다는 말이다.

보통 속없는 어린아이들이 조르고 떼를 쓸 때 우리는 '징징댄다'고 말한다. 아이들이 자신의 요구가 받아들여지지 않을 때 쓰는 가장 강력한 수단은 우는 것이다. 그리고 요구 사항이 받아들여질 때까지 우는 소리로 징징대며 계속 부모를 설득한다. 그럴 때 어른들은 아직 어리고 속이 없어서 그런다고 이해를 한다.

하지만 다 큰 청년과 성인들 중에서도 징징대는 사람들을 보았을 것이다. 이들의 공통점은 자신을 객관화해서 단점을 보완하려 하지 않고 주변 탓, 가족 탓, 세상 탓을 한다. 일이 안 풀리고 답답할 때 자신을 탓하지 못하고 주변을 탓하면 그 사람의 인생은 항상 우울할 수밖에 없다. 하늘도 이런 사람에게는 어떤 기회를 주지 않는다.

3

당신의 성품이 인생의 격을 만든다

一切唯心造(일체유심조)
; 모든 것은 마음이 지어내니라.
―『華嚴經(화엄경)』

인생(人生)은 내면의 자화상

필자에게 자주 오는 아주머니의 딸은 명문대에 해외 유수의 대학까지 졸업한 유능한 커리어우먼이다. 직업적인 그릇은 갖춰졌지만 유일하게 남편 자리는 안 좋았다. 이렇게 되면 좋은 남편감이 들어와도 밀어내게 된다. 엄마는 과년한 딸을 위해 많은 신랑감을 선보였으나 딸이 하는 소리는 이랬다.

"학력은 좋은데 매너가 없어요."
"학력과 인품은 좋은데 인물이 못생겼어요."
"학력과 인품은 좋은데 집안이 안 좋아요."

이렇게 트집만 잡고 결혼할 생각을 안 하고 있었다. 올해만도 벌써 많은 사람을 봤는데 계속 고개만 가로저었다. 어느 날은 필자에게 또 여러 명의 사주를 가지고 왔기에 직설적으로 말해줬다.

"제가 진작 솔직히 말씀드리려 했는데 이렇게 하시면 따님 시집을 못 갑니다."

"예? 무슨 말씀이세요?"

"누구나 내 자식이 좋은 인연을 만나게 하려는 것은 부모의 마땅한 마음이지만 좋은 부부의 인연을 맺고 나보다 더 좋은 사람을 만나려면 그만한 성품이 돼야 합니다."

"그럼 우리 딸이 남편 복이 없다는 소린가요?"

"남편 복이 없는 성품을 가지고 있다는 말이 맞겠죠. 따님은 똑똑한데 좋은 남자를 만날 준비가 안 되어 있어요. 이 세상 어떤 사람을 만나도 불만이 많고 결혼을 해도 이혼하겠다는 소리가 나올 겁니다."

"그럼 어떻게 하죠?"

그 아주머니가 우울한 표정을 지으면서 묻기에 필자는 오늘 가져온 사주에서 두 개의 사주를 뽑아주며 말했다.

"이 남자들과 선을 보이세요. 이 중에 좋은 궁합이 있습니다. 따님은 보자마자 뭔가 마음에 안 든다고 하겠지만 그냥 살아보라 하세요. 좋은 궁합이란 살다 보면 나도 모르게 좋아지게 되고 모난 나의 성품까지 바꿔주거든요."

그러면서 딸이 왜 좋은 사람도 밀어내는 성품인지 객관적으로 잘 설명해주었다.

'인생의 모든 현실은 내면의 자화상'이라는 말이 있다. 무언가 어긋나고 안 풀리며 답답한 현실이 이어진다면 나의 뒤틀어진 내면의 성품 속에 있는 마음을 돌아봐야 한다. 내 마음이 바뀌지 않으면 결코 현실의 인생은 바뀌지 않는다.

타고난 성품대로 인생을 선택한다

우리나라에는 3대 의성(醫聖) 중 하나인 사암도인은 사암침법으로 알려진 오행침법을 창안하였다. 조선시대의 선승으로 알려진 사암은 구체적인 행적은 없고 치료 경험의 예만 구전(口傳)으로 전해 내려왔는데 그의 『침구요결』 서문에 이런 글이 있다.

"심칠정부침(審七情浮沈) 의자(醫者) 의야(意也)."

이 말은 칠정(七情), 즉 희노애락애오욕(喜怒哀樂愛惡慾)의 뜨고 가라앉음을 살핀 연후에라야 의사로서 뜻을 얻었다 할 수 있다는 의미다. 감정을 제대로 파악하지 못한다면 의사 노릇을 제대로 할 수 없다는 뜻이니, 즉 심리적 관찰을 선행하라는 말이다. 그래서 이심치심(以心治心) 즉, 마음으로 마음을 치료하는 심의(心醫)를 옛사람들은 최고의 의사로 인정해줬다.

관상학에서도 최고의 고수는 심상(心相)을 읽을 수 있는 사람이다. 형상(形相)으로 나타난 골격(骨格)의 격을 결정하는 것은 얼굴에 나타나는 기색인데 그 기색을 좌우하는 것이 마음이기 때문이다.

중국에서 내려오는 최고의 관상서는 마의선사가 지은『마의상법(麻衣相法)』이다. 그 마의선사의 제자인 희이(希夷), 진박(陣搏)은 다음과 같이 말했다.

"관상은 마음의 상을 보는 것이다. 심자(心者)는 모지근(貌之根)이니 말하자면 마음은 사람 모양의 뿌리가 되는 것이다. 마음을 살펴보건데 착한 것과 악한 것이 나타나는 것이며 행동에 나타날 것이니 관찰해보면 재화(災禍)와 복(福)을 알 수 있다."

역학에서 바라보는 마음도 중요한 의미를 갖는다. 마음의 크기를 말하자면 하늘과 땅도 포용하여 감싸는 것이며, 작기로 말하자면 먼지에까지 들어가는 것이다. 주역(周易)의 중심은 태극(太極)에 있는데 이는 음양의 조정 능력이다. 어두운 음(陰)적인 마음과 밝은 양(陽)적 마음의 조화를 비롯하여 욕심과 분노, 쾌락과 고통, 질투와 선망, 공포와 즐거움 등으로 점철된 감정의 세계를 조절하는 능력이 곧 태극의 마음이다.

무릇, 이런 이치를 알고 먼저 깨달은 사람들은 마음의 근원을 통찰하여 성품을 맑고 청정하게 한 것이며, 그 결과 능히 무엇을 지을 수도, 저술할 수도 있고, 세상의 가르침을 잘 지탱하고 유지시킴으로써 천지만물을 도울 수가 있었던 것이다. 동양학의 최고 정점(頂點)에 있는 학문들에서 모두 마음(心)의 중요성을 말하고 있다.

우리의 인생은 스스로 선택한 현실의 결과이다. 일반적인 사람은 누구나 이에 동의하겠지만 동양철학자의 입장에서 보면 여기에 한 문장이 더 붙는다. 바로 "타고난 성품대로 인생을 선택한다."이다. 타고난 성품을 동양철학에서는 음양오행으로 파악한다. 이것이 사주다.

한 사람의 성품은 그 사람의 격(格)이 되고 그 격은 인생을 만든다. 예를 들어 부자 사주로 태어나게 되면 부지런함, 성실함, 강한 의지력, 긍정적인 사고방식의 성품을 갖게 되지만 빈천한 사주로 태어나게 되면 게으르고 노력하지 않으며 부정적인 사고방식의 성품을 갖게 된다.

마음은 정기신(精氣神)의 기운이 응집된 것이다. 운명을 바꾸고 싶다면 정기신의 기운이 응집된 자신의 마음부터 바꿔야 한다. 마음을 바꾸기 위해서는 스스로가 먼저 객관적으로 자신을 바라볼 수 있어야 한다.

자신을 객관적으로 바라볼 수 있는 가장 좋은 학문이 명리학이다. 그래서 명리학을 수신학(修身學)이라고도 한다. 나를 객관화해서 바라보는 것, 즉 "너 자신을 알라."는 명언은 모든 명상지도자나 철학가, 종교지도자들이 말하는 깨달음으로 가는 첫 번째 관문이자 마지막 도착지다.

하워드 슐츠

1953년 양력 7월 19일 미국 뉴욕 주 브루클린에서 태어났다. 세계 최대 커피 체인브랜드 스타벅스의 창업자인 하워드 슐츠 회장은 현재 나이인 67세인데 32년 전인 1987년에 스타벅스를 인수하여 세계 최대 커피 브랜드로 발전시켰다.

그의 사주는 음력 6월에 물이 거의 말라 버린 사주로 금수(金水)의 기운이 말라버렸다. 신기한 것은 그의 29세 대운부터 물의 기운이 들어오기 시작하여 34세부터 나무 동방(東方)목(木)의 기운(氣運)이 들어왔다. 그에게는 목(木)의 기운이 재물의 기운이다. 그는 물의 기운이 생명이자 재능이고 나무의 기운이 재물이다. 34세부터 20년간 나무의 기운이 들어오다가 54세부터 30년간 물의 기운이 들어온다. 세계를 움직이고 큰일을 하는 사람의 천기(天氣)는 반드시 20년 이상의 대운이 들어온다.

그가 34세부터 나무 기운이 들어올 때는 수기(水氣)가 부족하여 재물인 나무가 살아나지 못할 지경이었는데 그의 나이 35세에 물의 업종인 스타벅스를 인수한다. 참으로 기가 막힌 선택이다.

스타벅스는 서비스업인 물의 업종이고 상호 이름 또한 금화수금(金火水金)의 물의 기운이 굉장히 강한 브랜드다. 하워드 슐츠 회장의 굉장한 행운은 로고에도 있다.

스타벅스 로고는 그리스 신화에 나오는 세이렌(siren)이라는 바다의 인어다. 자신에게 없었던 물을 바탕으로 바다의 인어를 로고로 전면에 등장시킨 것이다. 스타벅스 1호점은 미국의 시애틀이다. 시애틀은 태평양 연안 북서부에서 가장 큰 대도시이며 동양과 알래스카로 통하는 통관항이자 관문이다. 시애틀을 벗어나서 두 번째 매장은 캐나다 밴쿠버. 같은 해 세 번째로 시카고에도 매장을 냈다. 밴쿠버는 세계적인 항만도시이고 시카고는 운하로 유명하다. 스타벅스의 탄생지가 모두 물과 연결되어 있다.

미국의 다음 대통령 후보로까지 거론되는 하워드 슐츠는 천기(天氣)와 지기(地氣)와 그리고 브랜드 네이밍의 행운까지 거머쥔 운경영에 성공한 사람이다.

4

주변을 전부 긍정의 힘으로 채워라

때가 오면 모든 것이 분명해진다. 시간은 진리의 아버지이다.
— 타블레

좋은 운을 만드는 긍정의 힘

인생을 살면서 누구나 실패할 수 있다. 하지만 이런 실패를 어떻게 받아들이냐에 따라서 다가오는 삶의 격(格)에 분명히 차이가 생긴다.

필자에게 오는 많은 사람들 중에 행운(幸運)만이 가득한 삶을 사는 사람이 있고 불운(不運)이 계속 반복되는 삶을 사는 사람도 있다. 이들의 결정적인 차이점은 다가오는 운을 어떻게 받아들이고 해석하는가로 드러나는 타고난 성품에 있다.

밝고 긍정적인 양(陽)의 기운이 강한 사람은 불행의 순간이 와도 쉽게 극복한다. 하지만 부정적이고 음(陰) 기운이 강한 사람은 운이 풀리지 않을 때 극단적인 생각을 할 정도로 힘들게 보낸다. 마치 온 세상이 자기를 버린 것처럼 세상을 원망하고 자신을 학대하는 사람들이 많다. 특히 지나온 과거의 인생에 집착하고 모든 것을 후회만 할 뿐 개선하려고 노력하지 않는다.

하지만 밝은 기운을 갖고 사는 사람들은 항상 긍정적인 생각을 하고 설령 실패와 아픔이 오더라도 이를 기회로 삼아 더 발전하려고 한다. 그리고 다가오는 미래에 집중하고 과거에 집착하지 않고 또한 후회도 별반하지 않는다.

살아가면서 후회와 자책을 안 할 수는 없지만 지나온 과거에 집착하다 보면 스스로를 자책하게 되고, 자신은 왜 이처럼 결점이 많을까 속상해한다. 그래서 자신이 못난 사람처럼 여겨져 자신감을 잃게 된다.

후회와 자책을 줄이기 위해서는 지나간 과거와 불행한 현실에 집착하지 않아야 한다. 과거와 실패에 집착하는 사람일수록 자존감을 잃어서 불행하다고 느낀다. 후회는 불행을 낳는 씨앗일 뿐이다.

"시간은 미래로부터 과거로 흐른다."라는 말이 있다. 미래에 어떤 상(想)을 그리느냐에 따라서 그것이 현재가 되고 그 현재는 또 과거가 된다는 말이다. 그래서 과거가 아닌 미래의 희망과 긍정에 집중을 해야 한다. 그 희망과 긍정이 현실이 되기 때문이다.

대부분의 성공자들은 현실의 어떤 고통과 시련이 와도 눈앞의 고통에 집착하지 않는다. 아무리 힘들게 다가오는 현실이라도 이들은 미래에는 반드시 성공할 자신만의 자화상을 뚜렷이 그린다. 그들에게는 현실이 힘들어 미래의 성공의 발판이자 디딤돌이라고 생각하고 어떤 고난이 와도 자신은 반드시 성공한다고 생각한다. 그리고 결국에는 성공할 미래를 위해 지금의 힘든 과정은 당연한 것이라 생각한다.

미래의 긍정적인 상을 분명히 갖고 있는 사람은 인생에서 어떤 파도가 와도 끄떡없는 환한 등대를 갖고 있는 것과 같다.

굿이나 부적보다 100배 더 효과가 있는 행운법

지금은 나와 지인이 된 중년의 사업가는 대단한 긍정 마인드를 가지고 있는 사람이었다. 그가 처음 왔을 때 그는 이미 부도가 나서 현실적인 모든 것을 잃고 난 후였다. 그런 그가 했던 첫 질문이 지금도 머릿속에 선명하게 남아있다.

"결국에 나는 재기(再起)를 할 것인데 언제쯤 성공의 운이 옵니까?"

그런 말을 하는 그의 눈빛과 음성에는 실패자의 궁색함이나 패배자의 초라함이 조금도 없었다. 지금의 악운이 언제까지 갈지 살피고 있었던 필자는 인생 전체를 관망하는 그의 긍정적이고 단호한 질문에 지엽적인 현재의 운을 살피는 게 아니라 그 사람의 전체 사주를 보게 되었다.

역시나 타고난 사주가 결국에는 성공하는 부귀의 사주였다. 지금까지 자신이 잘나갔을 때 돈을 벌었던 황금기보다 수십 배는 좋은 말년의 운이 눈에 들어왔다.

"사장님은 부귀의 명입니다. 결국에는 큰 사업가의 명입니다. 다만 지금까지처럼 너무 해외로 눈을 돌리지 마시고 국내 내수 시장에 눈을 뜨십시오."

그는 호탕하게 웃으면서 말했다.

"하하, 그렇죠. 저는 부자의 명이죠. 지금까지 단 한 번도 의심이 없었죠. 나는 괜찮은데 자꾸 우리 가족들과 주변이 걱정해요. 그것이 더 피곤합니다. 그리고 말씀하신 대로 기술 개발로 지나치게 해외에 많이 다니고 외국의 수출로만 승부를 보려고 했는데 그렇지 않아도 이제는 국내 시장에 사업성을 눈을 떴습니다. 신기하네요."

자신의 믿음대로 그는 3년여 만에 재기에 성공했고 10여 년이 지난 그는 놀랍도록 성장해 경제적인 안정을 누리고 있다. 그리고 항상 웃고 기운이 넘친다. 그와 같이 식사를 하거나 술 한잔을 하면 아무리 피곤한 날도 덩달아 힘이 생긴다.

갤럽의 회장, 긍정심리학의 선구자였던 도널드 클리프턴은 이렇게 밝혔다.

"긍정적인 사람이 그렇지 않은 경우보다 사망률이 낮고 일도 훨씬 더 생산적으로 할 수 있다."

언제나 좋은 쪽을 바라보는 긍정적 생각 습관은 자신의 미래는 물론 주변의 미래도 밝게 만든다. 모든 일이 잘될 것이라고 믿는 마음가짐, 긍정은 성공의 중요한 요소이다. 무책임하고 행동하지 않는 막연한 낙관과는 전혀 다르다. 낙관은 마치 감나무 밑에서 감이 떨어질 때를 기다리는 것처럼 아무 일도 안하고 노력도 안하며 좋은 결과만을 기다리는 것이다. 로또 복권이 당첨되기를 바라는 허무맹랑한 비현실적인 사람은 결코 긍정적인 사람이 아니다.

진정한 긍정은 나쁜 조건 속에서도 밝고 희망을 유지하는 것이다. 자신이 뭔가 잘 풀리고 모든 일이 술술 풀어질 때는 누구나 긍정적이다. 그러나 일이 꼬이고 건강이 나빠지고 사고가 겹치고 집안에 우환이 오는 상황에서도 자신의 꿈을 포기하지 않으며 악운의 흐름에 휩쓸리지 않고 묵묵히 자신의 길을 가는 사람이 진정한 긍정적인 마인드의 소유자이다.

부정을 긍정으로, 절망을 희망으로, 슬픔을 기쁨으로 바꾸는 것이 진정한 긍정이다. 이러한 긍정적인 사고방식이 동양학자의 입장에서 봐도 중요한 이유는 운로(運路)의 흐름이 있기 때문이다. 운로의 흐름은 계절처럼 좋은 운이 오면 악운이 오고, 악운이 오면 좋은 운이 온다. 이러한 운의 흐름이 반복된다.

그래서 우리 주변에 보면 어떤 사람은 초년에 성공하지만 누군가는 중년의 나이에 심지어는 환갑이 넘은 60세가 넘어서 큰 기업을 일구거나 학문적인 성취를 이루거나 베스트셀러 작가가 되거나 훌륭한 감독이 되는 사람도 많다.

이렇게 언젠가는 다가올 좋은 운의 때를 기다리고 준비하려면 악운(惡運)일 때 절대적으로 필요한 것이 긍정적인 사고방식이다. 지금 모든 일이 안 풀리고 되는 것이 없는 사람은 반드시 운의 법칙상 좋은 운이 다가오고 있다. 그때를 대비해서 더 준비하고 많은 씨앗을 뿌려 놓아야 한다. 악운이 주기가 긴 만큼 길운(吉運)이 오면 그 만큼 더 큰 보상을 받게 되기 때문이다.

내가 손님들에게나 주변에 종종 하는 이야기가 있다.

"귀신보다 100배 무서운 것, 가장 재수 없게 만드는 것은 바로 부정적인 사람을 만나는 것이다. 반대로 부적이나 굿보다 100배 더 효과가 있고 재수 좋게 만드는 것은 긍정적인 사람을 만나는 것이다."

세상의 어떤 기운보다 사람보다 강한 기운은 없기 때문이다. 지금 당장 운을 바꾸고 싶고 재수를 좋게 하고 싶은가. 그렇다면 주변의 부정적인 사람을 모두 정리하라. 그리고 항상 웃고 기운이 넘치고 긍정적인 사람을 만나라. 그러면 어느새 악운(惡運)은 도망가고 길운(吉運)이 연달아서 들어오는 놀라운 체험을 하게 될 것이다.

운의 기술

19대 대통령 선거에 나왔던 사람들의 관상

문재인

목형(木形)과 무관(武官)의 골상을 지녔다. 각 후보 중에서 가장 강골의 틀을 갖췄기에 적과 아군이 분명하게 나뉘는 상(相)이다. 자신들의 이익을 전혀 얻을 수 없다고 판단될 때 들어오려던 배도 다른 항구를 찾아서 떠나가게 되어 있다. 안철수의 부드러운 이미지를 가졌다면 더 많은 점수를 받았을 것이다.

안철수

청년적인 순수함과 도전정신 그리고 미래 이미지에 가장 잘맞는 수형(水形)의 상(相을)가졌다. 이런 이미지에 자신의 주장을 그대로 전달할 수 있는 심상정의 강단과 능글능글하고 화려한 홍준표의 언변을 가졌다면 선거에서 가장 유리한 자리에 올랐을 것이다.

홍준표

한국의 트럼프라고 비유될 정도로 말과 행동에 거침없는 이미지를 가졌다. 또한 트럼프처럼 나름대로 이목구비가 뚜렷한 왕(王)자형의 얼굴도 가졌다. 하지만 결정적 차이는 화려한 언변에 비해 골상(骨相)이 빈약하다는 것이다. 트럼프는 화려하지만 키가 크고 건장한 이미지의 골상을 지녔다. 화술만 좋고 골상이 빈약하면 자칫 입만 살아있는 작은 그릇의 사람으로 보이게 된다. 그가 문재인 후보 같은 강골의 골상을 지녔다면 보수 최강의 대통령 후보가 됐을 것이다.

유승민

뛰어난 지략은 물론 실재적인 경륜과 지식을 갖췄으나 하관이 약하고 말을 할 때 입이 비뚤어지게 보이는 화형(火形)의 얼굴을 갖췄다. 그가 아무리 뛰어나도 새누리당 원내대표에서도 물러나고 바른미래당의 대통령 후보가 된 마당에도 자당의 의원들에게 또다시 사퇴 압박을 받는 것도 그의 관상에서 드러난 약한 하관의 특성 때문이다. 그가 문재인 같은 강한 턱을 가졌거나 안철수 같은 둥글둥글한 턱을 가졌다면 유력한 후보가 됐을 것이다.

심상정

상대방을 꼼짝 못하게 하는 명료함과 자신의 사상을 명확히 제시하는 훌륭한 음성을 가졌다. 둥글한 수형(水形)과 금형(金形)의 음성을 가졌지만 그의 상(相)은 화룡점정(畵龍點睛)에서 가장 중요한 눈동자에 힘이 없고 눈매가 내려왔다는 것이다. 그의 재능에 봉황의 눈동자만 가졌어도 판세는 달라졌을 것이다.

5

부와 성공이 가득한 인생을 선택하라

格物致知 誠意正心(격물치지 성의정심)
; 사물의 이치를 연구하여 지식을 완전하게 하고
궁구하여 지혜에 이르고 뜻을 성실히 하고 마음을 바르게 가진다.
─『大學(대학)』

세 번 물었다(三問)

현대를 살아가면서 부와 성공은 모든 사람들의 선망의 대상이요, 누구라도 꿈꾸며 바라는 것이다. 하지만 여전히 세상에는 상위 1%가 나머지 사람들의 모든 부와 성공을 거의 독차지한다. 이들과 일반인들의 가장 큰 차이는 무엇일까?

물론 동양학자의 입장에서 보면 가장 큰 차이는 타고난 그릇이다. 돈 그릇이 커야 큰돈을 담을 수 있고 운(運)의 흐름까지 대운(大運)으로 길게 들어와야 큰 성공을 거둘 수 있다. 그래서 이러한 그릇을 처음부터 좋게 하기 위해서 출산을 할 때 택일을 많이 한다. 특히 요즘에는 안전하게 수술로 출산을 많이 하기 때문에 이왕이면 좋은 사주, 좋은 기운을 갖기 위해서 태어날 때 년, 월, 일, 시를 받아서 아이를 낳는다.

역학(易學)에서 택일은 피흉추길(避凶趨吉)의 대표적인 방법이다. 천기 (天氣)의 흐름을 알아서 그에 맞는 길흉을 책력을 보고 선택을 하는 것이 택일법이다. 운로(運路)의 흐름에 의해 소극적으로 행동하는 것은 숙명(宿 命)론이지만 운로의 흐름을 알고 적극적으로 대처하는 것은 개운(開運)론 이다. 개운론 중에 대표적인 것이 택일이다. 택일에는 풍수에서 쓰는 음 택(陰宅:묘를 쓸 때 하는 장사택일), 양택(陽宅:토목, 건축, 건물 수리 등)이 있다. 또한 이사 날짜를 잡는 이사택일이 있고 남녀의 혼인 날짜를 잡는 혼인 택일이 있다. 그리고 아이의 사주를 결정하는 출산택일이 있다. 역학을 모르는 사람들은 택일 자체를 미신이라고 생각하지만 동양학을 아는 사 람들은 기운을 스스로 조정하고자 했던 개운법(開運法)이라고 생각한다. 출산택일은 지기(地氣)와 인기(人氣)를 다스리는 천기(天氣)에 해당되기 때 문에 가장 큰 의미가 있다.

출산택일의 일화 중 우리나라에서는 성삼문(成三問)의 일화가 유명하 다. 성삼문의 어머니가 성삼문을 임신했을 때 친정으로 갔는데 친정아버 지가 사주명리에 조예가 깊었다고 한다. 새로 태어날 외손자의 출산일을 계산해보니 예정보다 2시간 정도 늦게 나와야 외손자의 사주가 좋다는 것을 알았다. 그래서 부인에게 말했다.

"자네 산실(産室)로 들어갈 때 다듬잇돌을 들고 가소. 아이가 나오려고 하거든 이 다듬잇돌로 산모의 자궁을 틀어막아야 하네. 그러다 내가 '됐다.'라고 신호를 보낼 때 아이가 출산토록 해야 되네."

다듬잇돌은 옛날 빨래할 때 사용하던 돌을 말한다. 곧 배가 불러 출산일이 되었다. 산모의 고통이 극심해지면서 부인이 물었다.

"지금이면 됐습니까?"
"아니다. 조금 더 기다려야 한다."

조금 더 있다가 다시 물었다.

"이제는 됐습니까?"
"조금만 더 기다려라."

그리고 이제는 출산해도 되겠냐고 세 번째로 물어보자마자 성삼문이 태어났다고 한다. 그리하여 '3번 물었다(三問)'해서 이름을 성삼문(成三問)으로 지었다고 한다. 외할아버지는 조금만 더 늦게 태어났다면 환갑까지 살 수 있을 텐데 이 사주로는 40세를 넘기기 힘들다고 탄식했다고 한다. 실제로 성삼문은 39세의 나이로 비극적인 삶을 마감했다.

외할아버지가 나름대로 출산을 조정해서 손자의 운명을 고쳐보고자 택일을 했지만, 안타까운 것은 만약 성삼문의 외할아버지가 숙명론만이 아니라 개운론까지 공부를 했다면 성삼문은 더 오래 살았을 것이라는 점이다. 개운론에는 이미 타고났을지라도 운명을 바꿀 수 있고 보완할 수 있는 여러 가지 방법이 있다.

평범을 끝마치다

자신의 타고난 운명보다 훨씬 오래살고 부와 성공을 손에 거머쥐었던 원료범이 쓴 『요범사훈(了凡四訓)』의 일화를 보면 운명이 어떻게 개운되는지 알 수 있다. 원료범은 소년 시절 부친을 잃고 편모의 손에 자랐다. 모친이 그에게 과거시험을 보지 말고 의사가 되는 공부를 하라고 했다. 후에 자운사(慈雲寺)라는 절에 갔을 때에 공(孔)이라는 노인을 만났다.

"왜 과거시험을 치르고 관리가 되지 않았느냐?"

모친의 말을 들었다고 하니 노인은 이렇게 말했다.

"귀 군은 내년에 관리가 될 운명이다. 최후는 53세 8월 14일 축시에 자택에서 생애를 마친다. 서운하게도 자식은 없다."

원료범은 이것을 써 두고 진위를 확인했으며 나중에 살고 보니 모두 백발백중이었다. 원료범은 어느 해 서하사(棲霞寺)의 운곡선사(雲谷禪師)를 만난다. 원료범은 지금까지 자신의 삶을 말하면서 공(孔)노인의 말대로 자신은 운명대로 살고 있고 53세에 죽을 일을 생각하니 허망하기도 해서 스님을 찾아왔다고 말했다.

이에 운곡선사는 운명은 하늘이 내린 것이지만 수행을 하면서 선업을 쌓으면 운명을 바꿀 수 있다는 가르침을 전한다. 또한 운명에 구속됨은 범인(凡人)에게만 해당되고 성인(聖人)은 그것을 자기 자신을 자유롭게 바꿀 수 있다고 말했다.

이날 이후로 많은 것을 깨우친 원료범은 '평범을 끝마친다'는 뜻에서 호를 '요범(了凡)'이라고 바꾸었다. 요범은 이후로 혼자 있을 때에도 항상 생각을 맑게 가지려고 노력하였고, 다른 사람들에게 공덕을 쌓기 위해서 최선을 다하였다.

이에 원료범이 날마다 선행(善行)하고 주문을 외워가니 그 이후는 점괘가 맞지 않고 53세에 죽는다는 운명이 빗나갔다. 없다는 자식도 낳았다. 일개 성(城)의 장관 직위에서 끝난다는 것도 틀려서 더 높은 직위인 명(明)나라 군(軍)의 주사(主事)까지 올라가 임진왜란 때 우리나라 함경도까지 와서 일본의 기오마사(加藤淸正)를 쳐부숴 큰 수훈을 세웠다.

그 후, 3천 가지 공덕을 쌓기로 결심하고 장부책을 만들어 한 가지 선행을 할 때마다 즉시 붓으로 기록하였다. 그 후 원료범은 수명도 53세를 훨씬 넘겨 73세까지 살았다. 원료범은 이와 같은 자신의 운명 극복의 깨우침을 자손과 후대에 주려고 책으로 써서 남겼다. 이 책이 바로『요범사훈(了凡四訓)』이다.

타고난 운명에서 부족한 것을 채워서 부와 성공을 가지려면 먼저 내 타고난 운명을 알아야 한다. 그리고 부족한 기운을 채우는 개운법을 알면 부와 성공은 스스로 선택할 수 있다.

6

편안함이 주는 달콤함을 뿌리쳐라

행복을 사치한 생활 속에서 구하는 것은
마치 태양을 그림에 그려놓고 빛이 비치기를 기다리는 것이나 다름없다.
– 나폴레옹

도전하지 않으면 발전이 없다

지나간 과거가 주는 선물은 경험, 교훈, 추억들이다. 지나온 과거는 시간의 흐름상 다시는 바꿀 수 없는 현실이다. 미래는 현재의 선택에 의해 여러 가지 방향으로 바뀔 수가 있다. 하지만 대부분의 사람들이 미래를 선택하는 현재의 이 중요한 시점에서 과거의 트라우마와 현실의 안주에서 벗어나지 못함으로써 과거의 연장선상을 미래로 연결하여 사는 사람이 많다.

세상에서 크게 성공한 사람들은 대부분 과거에 연연하지 않고 현실에 안주하지 않으며 미래에 모든 관점과 초점이 맞추어진 사람들이다.

할리우드의 흑인 명배우인 덴젤 워싱턴도 그러한 성공인들 중의 한 사람이다. 그가 2016년 미국 흑인단체 NAACP의 영화 부문 남우주연상을 수상할 때 워싱턴은 다음과 같은 수상 소감을 남겼다.

"쉽지 않습니다. 쉬웠다면 케리 워싱턴 같은 사람은 없었을 겁니다. 쉬웠다면 타라지 헨슨도 없었을 겁니다. 쉬웠다면 옥타비아 스펜스도 없었을 겁니다. 쉬웠다면 비올라 데이비스도 없었을 겁니다. 쉬웠다면 마이클 T. 윌리엄슨도 없었습니다. 스티븐 매킨리 핸더슨도 없고, 러셀 혼즈비도 없었습니다. 쉬웠으면 덴젤 워싱턴도 없었습니다. 그러니 계속 열심히 하세요. 계속 애쓰세요. 절대 포기하지 마세요. 7번 쓰러지면 8번째 일어나세요. 편안함. 발전하는 데 어려움보다 더 큰 위협이 편안함입니다. 발전하기 위해 노력하는 과정에서 어려움보다 큰 최고의 위협이 편안함입니다. 그러니 계속 가세요. 계속 성장하고 배우세요. 영화 현장에서 봅시다."

그는 시상식에서 자신이 얻은 기쁨을 훌륭한 교훈이 담긴 수상 소감으로 관객들과 팬들에게 또 다른 감동을 주었다.

워싱턴은 영화 속에서 흑인임에도 불구하고 백인 배우들보다 더 비중 있는 인물로 그려진다. 탁월한 연기로 주연상과 조연상 각각 1회씩, 아카데미상을 2회나 수상한 덴젤 워싱턴은 인생에서 무엇이 중요한지, 어떻게 해야 성공하는지를 아는 사람이다.

현실에 만족하고 마음을 비우고 유유자적하며 살 수 있다면 지금의 현실에 만족하면 된다. 하지만 상담해보면 대부분의 사람들은 수입, 학력, 승진과 명예 등을 주변 사람과 비교하면서 현실에 만족을 못하고 산다. 현실을 바꿀 수 있는 단 하나의 방법은 지금까지 해왔던 행동과 선택을 뭔가 다르게 하지 않으면 과거의 삶에서 미래를 바꿀 수가 없다.

당연한 말이지만 지금 현실의 상황들 즉 수입, 명예, 건강 등은 우리가 스스로 해온 선택과 행동의 결과 때문이다. 지금까지의 자신을 자신이 만들지 못했다면 누가 만들었겠는가. 자신을 바꾸지 못하는 이유가 지금의 자신을 버리지 못하기 때문이라면 지금까지와는 다른 선택과 행동을 해야 한다.

도전과 모험을 할 때 실패의 고통은 대단하지만 지금까지의 인생을 뒤집힐 만한 기회와 행운도 살아있다. 현재의 상태에서 절대로 발전할 수 없고 지금과 똑같은 미래를 만들고 싶다면 아무것도 안 하는 것이다. 아무것도 안 하고 현실에 안주하면 말 그대로 어떤 기회도 의외의 행운도 결코 만날 수가 없다.

운의 기술

주택관리사와 꾸지뽕 박사

필자에게 왔었던 그분은 명문 중·고등학교에 최고의 대학교를 졸업하고 행정고시를 합격해서 고위 공직자로 있다가 퇴직하신 분이었다. 워낙 청렴결백하고 곧은 성품이라 타협도 못하고 부수적인 수입도 챙기지 않은 진정한 공무원이었다. 하지만 상담을 하게 될 때는 자신의 모든 감정을 허심탄회하게 보여주게 돼 있다.

"오직 공무원으로서 일에만 최선을 다했습니다. 부동산 바람이 불었을 때 좋은 정보도 많이 왔지만 공무원으로서 누가 될까봐 신경도 안 썼습니다. 아이 다섯을 키우고 두 명은 유학도 보내다 보니 지금 노년에는 빚밖에 남는 것이 없군요. 나는 지금도 건강하고 어떤 일이든 잘할 수 있는 자신감이 있는데 아무도 불러주지 않네요. 그래서 주택관리사나 복덕방을 해보려는데 이것이 나에게 맞을까요?"

그는 그런 질문을 하는 자신이 싫은 듯 얼굴이 어둡고 말에 힘이 없었다. 공무원이 공직 생활에 충실한 것은 훌륭한 삶이었지만 현직에 있을 때부터 항상 경제적인 문제로 고민을 했었고 말년에 이르러서도 편안한 노후를 보내지 못하는 그의 한탄이 안타까웠다. 비리와 부정을 저지르지 않고도 현실을 제대로 꿰뚫어보고 시류의 흐름을 잘 파악하면 얼마든지 자신의 위치에서 풍족한 삶을 살 수가 있다.

같은 공무원이었지만 퇴직하기도 전에 자신의 연봉보다 수십 배를 부업을 통해 버신 분도 있었다. 그분은 공무원생활을 하면서 취미와 소일거리로만 했었던 분재 가꾸기와 주말농장을 말년의 제2의 삶의 목표로 새롭게 계획을 세우고 실천을 했다.

"저는 꾸지뽕 박사입니다. 우리 집안이 대대로 당뇨병이 있어서 저도 일찍 당뇨가 왔는데 꾸지뽕차를 먹고 줄기와 뿌리를 말려서 우려먹었더니 지금은 거의 완치가 됐습니다. 저와 같은 당뇨병 환자들을 돕고도 싶고 잘하면 돈도 되겠더라고요."

그는 야산을 사서 꾸지뽕을 심고 재배를 하기 시작했는데 나중에는 약효가 뛰어난 묘목까지 새롭게 개발했다. 말 그대로 꾸지뽕 분야에서는 전국에서 알아주는 사람이 되어 강연도 하고 있다. 퇴직이 얼마 남지 않은 시점에서 이미 자신의 연봉보다 수십 배는 더 벌 수 있는 제2의 직업을 확실하게 찾은 것이다.

그래서 현실에 안주하고 변화를 싫어하게 되면 어느 순간, 도태되고 자신의 재능도 묻혀버린다. 현재 자신의 모습에서 새롭게 발전하고 변화되고 싶다면 다음의 세 가지 법칙을 잘 기억하고 실천해보라.

첫째, 자신이 진정으로 가장 잘 하는 것이 무엇인지를 항상 자문해보

라. 특별히 배운 적이 없는데도 방법을 알고, 쉽게 이뤄내며 경쟁에서도 뒤처지지 않았었던 일이나 취미를 잘 떠올려보라. 그래도 잘 안 떠오르면 자신의 주변 사람에게 물어보라. 그러면 자신이 진정으로 잘하는 것이 무엇인지 알게 된다.

두 번째, 전문화하고 브랜딩화하라. 자신이 잘하는 것을 발견했다면 그것을 전문화하고 브랜딩할 수 있는지를 연구해보라. 자신의 재능을 세심하게 살피고 난 후, 전문성을 위해 준비하고 실행하고 유지하고 발전시키다 보면 나를 찾는 사람이 많게 되고 먹고살 수 있는 것까지 해결되게 된다.

세 번째, 시간 관리가 관건이다. 매일 시간 관리를 하고 뚜렷이 목표를 세워서 자신의 전문성에 투자하지 않으면 절대로 시간이 지나가도 변화와 변신을 할 수가 없다. 출퇴근 시간도 이용하고 자투리 시간도 잘 활용해서 준비를 해야 한다.

새롭게 태어나는 것은 항상 고통을 수반한다. 하지만 애벌레가 허물을 벗고 나비가 되면 하늘과 땅 차이로 큰 차이가 나듯이 자신을 더욱더 발전시키고 싶고 나머지 인생을 빛나게 하고 싶다면 결코 편안한 현실에 안주하지 않아야 한다.

하늘은 스스로 돕는 자를 돕는다

大福在天 小福在勤(대복재천 소복재근)
; 큰 복은 하늘이 내리지만, 작은 복은 부지런함에 있다.
― 『明心寶鑑(명심보감)』

하루하루를 감사하며 사는 행복인(幸福人)

대나무는 매우 독특한 생장 과정을 거친다. 일정한 높이로 자라면 생장을 멈추고, 대신 땅속에 있는 뿌리가 쑥쑥 자라기 시작한다. 뿌리가 일정 기간 자라고 나면 이번에는 뿌리가 생장을 멈추고 다시 키가 자란다. 얼핏 보기에는 생장을 멈춘 것 같지만 실제로는 땅속 깊이 뿌리를 내려가며 더 큰 성장을 준비하고 있는 것이다. 사시사철 푸르른 대나무의 건강한 생명력에는 이러한 비밀이 숨겨져 있다.

인생도 마찬가지다. 무조건 앞으로만 나아가지 않고 잠시 걸음을 멈추고 지나온 길을 되돌아보며 새로운 내일을 준비하는 사람, 자기계발을 위해 끊임없이 배우는 사람, 자만하지 않고 항상 겸손한 사람은 볼 때마다 성장해 있다.

일반적으로 성공한 사람들은 자만심에 쉽게 빠진다. 자신이 최고라는 착각에 빠져 주위 사람들을 함부로 대하고 상처를 주어 시기와 원망을 사서 어렵게 얻은 부와 명예를 뺏기는 경우도 많고 갑자기 떼돈을 번 벼락부자들은 졸부의 근성에 빠져 그 많은 돈을 순식간에 잃어버리는 경우도 다반사다. 또한 성공한 뒤, 그동안 자신을 도와준 사람의 은혜를 외면하는 이도 많다. 이런 사람들은 결국 주변 사람들의 외면 속에 외톨이가되어 결국에는 고독한 말로를 보내게 된다.

필자의 지인 중에 지혜로운 분이 있다. 그는 20대 때 자수성가해서 30대 때 전국에서 몇 번째 가는 강소 기업을 일구었다. 정권의 칼날로 하루아침에 모든 것을 잃어버렸지만 이제 50대 초반인 그는 이렇게 말한다.

"내가 만약 그때 기업을 잃지 못했다면 지금의 나는 영혼 없는 박제(剝製)와 같았을 것이오. 내가 하늘에 정말 감사하는 것은 어렸을 때 빨리 성장하고 빨리 실패를 맛본 것입니다."

그는 그때보다는 수십 배 적은 재산을 가지고 있지만 항상 하루하루를 감사하며 사는 행복인(幸福人)이다.

음양(陰陽)의 법칙은 우리에게 새옹지마(塞翁之馬)의 진리를 깨우쳐준다. 음양의 상대적인 진리로서 인생의 길흉화복은 때에 맞추어서 변하게 되어 있다. 그래서 음양의 이치를 깨달은 옛날의 도인들은 행운이 와도 들뜨지 않고 절망에 부딪혀도 그다지 슬퍼하지 않는 초연함을 유지했다.

하늘은 자연 속에서 모든 답을 찾으라고 한다. 나무는 꽃을 버려야 열매를 맺고, 강물은 강을 떠나야 바다에 이르는 법이다. 통제가 아닌 이치를 통해 자아상을 깨닫게 되면 자발적인 책임감과 사명감으로 뭉친 건강한 영혼으로 거듭나게 된다. 그래서 인생 생장의 나무는 어디에 이르러 멈추고 정지함이 없다. 큰 그림으로 보면 항상 성장하고 있는 것이다.

하늘이 나를 가장 싫어하게 만드는 방법은 자연의 모습과 정반대로 가는 것이다. 아직 때가 되지도 않았는데 씨앗을 뿌리고, 씨앗이 뿌리를 내리지도 않았는데 흙을 들춰보고, 언제 뿌리를 내려서 열매를 따먹나 안절부절못하는 모습이다. 그리고 자신이 땀을 흘려서 열매를 따려고도 하지 않는다.

하늘을 원망할 때는 자신이 병이 들고 이별을 하고 모든 것을 잃었을 때다. 헌데 하늘을 원망하는 원통함은 대부분은 자신 스스로가 만든 경우가 많다.

사람들은 허구한 날 술을 마시다 간경화 말기인 사실을 알고서야 건강의 중요성을 깨닫는다. 돈 버느라 아이를 제대로 보살피지 못하다가 아이가 방황을 하게 되면 돈만으로는 아이를 행복하게 해줄 수 없다는 사

운의 기술

실을 깨닫는다. 언제나 곁에 있을 것 같은 부모가 떠난 후에야 효도를 다하지 못한 자신을 원망한다. 이처럼 사람들은 잃어버리고 나서야 그 소중한 가치를 겨우 깨닫는다.

하늘의 마음은 부모의 마음이다

자신 스스로가 하늘의 노여움을 사는 것이다. 하늘이 나를 돕게 만들려면 악운이 왔을 때도 하늘을 원망하지 않고 스스로를 갈고 닦아야 한다. 하늘은 절대로 나를 그냥 시험하지는 않는다.

노자는 『도덕경』 제 58장에서 말했다.

"복(福)이 있는 곳에 화(禍)가 깃들어 있고, 화(禍)가 있는 곳에 복이 숨어 있다."

하늘은 복만 주거나 화만 주지 않는다는 것이다. 복과 화는 다르지만 사실은 다르지 않다는 양면성(兩面性)을 말해주고 있다.

맹자는 『고자』에서 이를 좀 더 길게 설명해준다.

"하늘이 장차 그 사람에게 큰 사명을 주려 할 때는 반드시 먼저 그의 마음과 뜻을 흔들어 고통스럽게 하고, 힘줄과 뼈를 지치게 하여 그 육체를 굶주리고 궁핍하게 만들어 그가 하고자 하는 일을 흔들고 어지럽게 하나니, 그것은 타고난 작고 못난 성품을 인내로서 담금질하여 일찍이 할 수 없었던 하늘의 사명을 능히 감당하도록 역량을 키워주기 위함이다."

인생은 누구라도 처음부터 끝까지 순풍에 돛 단 듯 순조롭지는 않다. 대나무에게도 어느 순간부터 도무지 성장이 안 되는 시기가 있는 것처럼 우리의 인생에도 정체기가 있게 마련이다. 그 정체기가 지나면 쑥쑥 자라듯이 우리의 인생도 성장하고 발전하게 된다.

한 치 앞도 바라보지 못한 우리 인간은 잠시의 고난과 고통이 오면 스스로의 행동과 마음 상태를 돌아보지 않고 자신과 주변을, 심지어는 하늘을 원망한다. 하늘을 원망하는데 하늘이 나를 좋아하는 것도 말이 되지 않는다.

하늘은 항상 나의 성장을 기대하고 응원하고 지원한다. 생명이 성장하는 것은 하늘이 가장 바라는 일이기 때문이다. 하늘이 나를 좋아하게 만들어서 운을 좋게 하고 싶다면 스스로 성장하는 것을 중단하지 말고 포기하지 않아야 한다. 뜻을 세우고 성장하다 보면 하늘은 내가 생각하는 것 이상으로 많은 것을 준비하고 있음을 알게 될 것이다. 그것이 부모의 마음이자 하늘의 마음이다.

운의 기술

8

힘을 기르며 멀리 보고 기다려라

人無遠慮, 難成大業(인무원려 난성대업)
:사람이 멀리 생각하지 아니하면, 큰 일을 이루기 어렵다.
－『안중근 의사의 유묵』

迂直之計(우직지계) : 급할수록 돌아가라

『예기(禮記)』에 보면 이런 말이 있다. "臨財毋苟得(임재무구득)" 재물을 얻
을 때는 그것을 얻어서 좋은 것인지를 숙고하라는 가르침이다.

요즘에는 불법적인 도박도 많지만 복권, 주식, 코인 등 정부가 허가를
내준 합법적인 도박도 많다. 확률상 돈을 벌기 힘든 것이 당연하지만 쉽
게 돈을 벌려는 수많은 사람들로 인해 복권방은 호황이고 주식과 코인을
판매하는 수많은 회사들과 그 분야의 전문가를 자처하는 수많은 컨설턴
트는 이 분야를 정확히 모르는 투자가를 이용하여 많은 돈을 거두어들이
고 있다.

문제는 설령 운 좋게 일확천금을 가지게 되어도 행복하지 않을 수도 있다는 데 있다. 우리는 그런 돈이 행복을 주었다는 이야기보다 불행을 줬다는 뉴스를 더 많이 본다. 몇 만분의 일로 수백 억을 가지게 된 외국의 복권 당첨자들이 마약에 빠졌다거나 가정이 깨졌다는 이야기를 들어 보았을 것이다. 혹은 주식과 코인으로 잠시 돈을 벌었다가 다시 그 돈을 잃어 후유증으로 자살을 하거나 우울증에 시달린다는 이야기도 많다.

나에게 온 20대 후반의 아가씨도 코인으로 인해 행복한 천당에서 살다가 순식간에 불행에 처한 사례이다. 그 아가씨는 작년에 코인이 붐을 이루기 전에 몇 천만 원으로 코인을 샀다가 순식간에 열 배 이상의 수익을 거뒀다고 한다.

"제가 번 돈 중에 일부를 엄마를 빌려드리고도 저에게는 손에 수억 원이 있었어요. 그런데 올 초부터 제가 산 코인이 폭락해서 이제는 본전에도 못 미치게 돼버렸어요."

그러면서 올랐을 때 팔지 못한 자신을 자책하고 있었다.

"일도 손에 안 잡혀요. 저희 집이 가난해서 저는 그 돈으로 시집도 가고 집도 사려고 했는데 이제는 다 허사예요. 그런데 제가 새롭게 발굴한 좋은 코인이 있는데 이 코인을 사면 다시 오를 수 있을까요?"

그녀는 또다시 남아 있는 돈으로 모험을 하고 싶어 했다. 나는 그 아가씨의 사주를 보며 설명해주었다

"아가씨 사주에 편재(偏財)라는 성분이 있어요, 이것은 쉽게 돈을 벌려고 하고 순간에 큰돈의 흐름이 왕래를 한다는 의미가 있지만 주식과 코인을 아가씨처럼 도박에 가깝게 접근하면 백전백패가 되게 합니다. 운로(運路)의 흐름이 작년에 좋아서 잠시 돈을 벌었지만 이제는 그렇게 크게 쉽게 오르지 않을 테니 자중하시고 어머니에게 빌려준 돈이라도 번 것이니 그것으로 만족하고 일에 매진을 하세요."

필자의 말을 들었지만 그 아가씨는 이미 독이 든 사과의 달콤함을 잊지 못하고 또다시 코인을 해서 돈을 벌 수 없는지만 물어봤다.

『대학(大學)』에도 "도리에 어긋나게 얻은 재물은 뜻하지 않은 일로 나가 버린다."라는 글귀가 있다. 심는 대로 거두는 자연의 진리가 음양(陰陽)의 법칙이다.

삶을 슬기롭게 살아가는 지혜로『손자병법』에 보면 "迂直之計(우직지계)"라는 계략이 있다. 우(迂)는 멀리 돌아간다는 의미이며, 직(直)은 곧장 가로질러 간다는 의미다. 쉽게 설명하면 '공격을 할 때는 서둘러 공격하지 말고 멀리 돌아가되, 목적은 빨리 달성하라'는 뜻이다. '급할수록 돌아가라'는 속담과도 일맥상통한다.

우(迂)는 거리적, 시각적인 우회로(迂廻路)를 표현한 말이다. 언뜻 보기에는 돌아가는 것 같지만 오히려 빠르고 확실하게 목적을 달성한다는 뜻이다. 우리는 경험을 통해 알고 있다. 꼬인 실타래를 풀 때 무턱대고 잡아당기면 오히려 더 엉킨다. 꼬인 실을 풀려면 천천히 시간을 들여 차분히 풀어야 한다. 일을 진행하거나 교섭할 때도 무턱대고 밀어붙이거나 서두르면 오히려 일을 그르친다. 뭔가 꼬였을 때는 차분히 생각할 시간을 두고 한발 물러서 적합한 시기를 기다리는 편이 좋다.

내가 현장에서 상담할 때도 급하게 서두르거나 감정적으로 일을 처리할 때 실패하는 것을 많이 봤다. 그 중 한 실례로 식당을 개업한 지 1년이 지났지만 확실하게 매출이 오르지 않아 찾아온 부부가 왔다.

"저희들의 가게에 오는 손님들은 음식은 다 맛있다고 하는데 매출이 항상 제자리네요. 이 가게를 하면서 다른 곳에 직영점을 하나 더 내면 어떨까 해서요."

필자가 주역괘(周易卦)로 보니 문제는 다른 곳에 있었다.

"제가 보기에는 지금 매출이 오르지 않는 이유가 종업원 문제와 충분히 서비스를 못 해주기 때문인 것 같네요. 현재 가게에 치중하세요. 정

운의 기술

하고 싶으시면 내년에나 하세요. 지금 가게를 확장하면 있는 가게까지 문제가 생기겠는데요."

그러나 이미 가게를 알아보고 계약까지 했다고 했다. 그 부부의 올해의 신수(身數)가 사업에서 확장하지 말고 현상 유지를 하면서 내년을 준비하라는 운이었는데 정반대로 간 것이었다. 이럴 때 움직이게 되면 대부분 후회하게 된다. 물론 이런 운에서도 성공할 수 있으나 노력과 땀은 두 배, 세 배로 흘려야 된다.

전쟁에 행승(幸勝)이란 없다

『삼국지』에서 조조는 "전쟁에 행승(幸勝)이란 없다."라는 말을 남겼다. 행승이란 운이 좋아 얻은 승리, 즉 적의 실수로 인해 요행으로 이긴다는 뜻이다. 그래서 그는 항상 확실한 승산을 따지고 철저하게 때를 기다려 치밀한 작전대로 싸워 승리를 이끌어냈다.

이렇게 어떤 것을 성공에 이르기 위해서는 치밀한 계획과 준비를 한 뒤 때를 기다려야 한다. 때를 만나면 최선을 다해야 한다. 이는 사업뿐만 아니고 인간관계나 시험, 취업 등 인간사 모든 것에 진리처럼 통한다.

이렇게 철저히 준비하고 때를 기다리는 방법을 병법(兵法)에서는 축세 (畜勢)라고 말한다. 이 축세를 더 자세히 설명해 보자면 상대를 압도할 수 있고 운을 지배할 수 있는 역량을 쌓는 것이며, 이 역량에는 실제적인 힘뿐만 아니라 심리 상태, 여론의 동향, 의지와 투지 등이 모두 포함된다.

손자(孫子)가 말했다.

"천길 높은 계곡에 고인 물이 일단 터뜨려지면 낙차가 거대해서 그 충격은 가늠할 길이 없다."

고도로 축적된 힘이 일단 발휘되면 얼마나 무서운지를 말하는 것이다. 따라서 축세는 이렇게 쌓이는 힘을 누적해 주도권을 쟁취하는 방법이다.

시기가 무르익지 않았다면 대세적으로는 일을 벌이거나 모험을 삼가야 한다. 대인관계에서는 응당 재능을 숨기고 상대의 경계를 풀어야 한다. '도광양회(韜光養晦)'는 자신의 능력을 감춘 채 힘을 기른다는 뜻이다. 이는 병법에서 자주 쓰이는 술수이다. 의도적으로 자신의 재능과 생각을 감춰 타인의 주목과 의심을 피하는 것이다.

자신의 재능과 생각을 지나치게 과시하는 사람은 뜻밖의 문제를 만날수 있다. 숲에서 가장 높은 나무는 바람에 꺾이게 마련이고, 공로나 명예가 지나치게 높다면 시기와 질투를 받고 윗사람의 경계 대상이 되므로 화가 멀지 않다는 것을 항상 명심해야 한다.

운의 기술

암암리에 힘을 키우면서 알맞은 시기를 택해야 어떤 상황에서도 큰 화(禍)를 면할 수 있고 또 다른 기회를 만날 수 있다. 또 지구전을 펼쳐서 상대를 공격하는 경우도 있는데, 이때는 반드시 인내심이 필요하고 한 걸음 물러설 줄도 알아야 한다. 강력한 힘을 충분히 모으지 못했다면 함부로 행동하지 말아야 한다. 물이 깊지 않으면 큰 배가 뜨지 못하는 법이다.

그래서 옳고 그름의 변화나 이해의 충돌을 능동적으로 피하면서 암암리에 시기를 기다렸다가 행동을 개시하는 것이 매우 중요하다. 전후좌우를 고려하지 않고 눈앞의 이익만 고려하다가 맹목적으로 돌진한다면 순식간에 모든 것을 잃을 수도 있으니, 오직 조용히 변화를 관찰하면서 힘을 기르면서 때를 기다리는 것만이 운로(運路)의 흐름을 타는 현명한 지혜가 된다.

손정의

1957년 양력 8월 11일에 일본 남단 규슈의 사가현 도수시에서 조선인들이 모여살던 무허가 판자촌에서 태어났다.

그의 사주에는 목(木)의 기운과 물의 기운이 중요하다. '손 마사요시'라는 이름에는 금(金)의 기운이 수(水)의 기운으로 형상화되었다.

그는 동방(東方)목(木)의 기운과 수의 기운이 도와주는 용신(用神)이다.

그는 컴퓨터 잡지를 출간하는 출판업으로 성공의 발판을 마련한다. 출판업은 종이라서 나무의 대표적인 상징 업이다. 역시 행운법인 이름과 브랜드 그리고 그가 만난 결정적인 이름에는 'ㅁ ㅂ ㅍ'의 수(水)의 오행 발음이 들어가 있음을 알수가 있다. 그의 이름은 '손 마사요시'이다. 결정적으로 세계적인 사업가로 성장하려고 할 때 미국의 거부 '로스 페로'와 합작을 이루고, 세계 미디어계의 황제 '루퍼트 머독'과의 협상으로 디지

털 위성방송에도 진출했다. 회사명을 '소프트뱅크'에서 '소프트뱅크 모바일'로 바꾸었다. 중국의 마윈을 만나 알리바바에 6분 만에 3,000만 달러를 투자하기로 결정하고 결국 엄청난 수익을 냈다.

비운의 외국인 재일동포의 자식으로 일본에서 태어나 2018년 포브스 선정 24조 5,000억이라는 재산으로 일본 부자 1위에 올라 있다. 타고난 천기를 보완하는 대운의 흐름에서 업종을 잘 선택하였고 만나는 사람과 자신의 브랜드와 이름에 모두 자신을 도와주는 행운법을 선택하며 세계적인 운 경영자가 된 것이다.

HAPPINESS · WEALTH · SUCCESS

운의 기술 두 번째 조건

사람을 얻는 것이 운을 얻는 것이다

1

불운을 행운으로 바꿀 수 있을까?

唯天下至誠 爲能化(유천하지성 위능화)
: 오직 천하의 지극히 성실한 사람만이 하늘을 움직이는 것이다.
-『中庸(중용)』

돈을 위한 인생(人生)은 살지 않을 겁니다

지금은 필자에게 단골이 된 중년의 신사는 과거의 큰 실패를 통해 이미 인생의 중요한 깨달음을 가진 사람이었다. 그는 20대 초반부터 자수성가해서 중견기업으로 까지 발돋움하는 큰 성공을 거두었다. 그런데 우리나라 IMF 때 잘나갔던 회사가 자신의 잘못이 아닌 국가가 경제 운영을 잘못해서 억울하게 부도가 난 케이스였다. 워낙 완벽주의에 신중했던 그의 성격상 전혀 예상치 못한 큰 실패가 그에게는 귀중한 깨달음을 주었다.

"이미 그때 중견기업으로 가기 전에 평생 먹고살 만한 돈을 벌었지만 저는 멈출 수가 없었습니다. 20대부터 40대까지 기업을 일구려고 아이들과 거의 놀아본 시간도 없었고 와이프와 해외여행도 한번 못 가봤습니다. 그렇게 일구었던 기업이 부도가 난 뒤 한때는 자살까지 하려 했으나 어느 정도 시간이 지난 후 제게는 넉넉함과 평화가 왔습니다."

실제로 그는 부도가 난 후 자신이 맨 처음 사업을 일구었던 기술을 가지고 종업원도 거의 데리고 있지 않으면서 작은 사업을 하고 있는데 지금이 가장 행복하다고 말을 한다.

"이제는 통장에 돈이 넘치도록 있지 않지만 와이프와 여행도 다니고 운동도 같이 다닙니다. 아이들이 다 커버려서 지금은 놀아주고 싶어도 못 놀아주는 것이 제일 미안하지만 그래도 지금은 아이들과 얼마든지 통화도 합니다. 멀리 떨어져 있지만 항상 곁에 있듯이 소통하고 사랑하며 지내고 있습니다. 그때의 실패가 있지 않았더라면 저는 지금도 그 많은 돈은 쓰지도 못하면서 대기업이 되려고 죽을 때까지 돈만 보고 따라갔을 겁니다."

그건 결코 꿈을 성취하지 못한 실패자의 변명이 아니었다. 진심으로 인생에서 가장 중요한 것이 무엇인지 그는 실패를 통해서 얻게 되었다. 이제 다시는 예전의 누(累)를 범하지 않으려고 노력하고 있었다.

"지금도 제가 맘만 먹으면 사업장을 더 키울 수 있지만 저는 다시는 돈을 위한 인생을 살지 않을 겁니다. 이제는 제 가족과 저 자신의 행복을 위해서 돈을 벌 겁니다."

불행(不幸)은 행운(幸運)이 오기 전의 준비 단계

공자(孔子)가 말했다.

"높은 낭떠러지를 보지 않으면 무엇으로 추락하는 환난을 알 것이며, 깊은 못에 가지 않으면 무엇으로 익사하는 환난을 알 것이며, 큰 바다를 보지 않으면 무엇으로 풍파의 환난을 알 수 있을 것인가."

넓은 의미에서 보면 불행이란 없다. 왜냐면 운로(運路)의 흐름 자체가 악운이 오면 그 다음에 길운이 오고, 길운이 오면 그 다음에 악운이 오기 때문이다. 그래서 자신이 불행하다고 느껴지는 악운이 왔을 때 포기하지 않고 길운이 오기 전의 준비 단계라고 생각한다면 악운을 초연하게 넘길 수 있게 된다.

그래서 『주역(周易)』에서 말하는 운의 법칙을 제대로 아는 것이 중요하다. 역(易)은 우주 만물의 시작과 변형의 생(生), 휴(休), 사(死)를 주관하는 자연의 순리 법칙과 순환 법칙을 글자로써 표현한 것이다. 우주 삼라만상은 언제나 변화의 과정 속에 있으며, 항구여일(恒久如一)이란 존재하지 않는다는 것을 역(易)이라는 글자로 역설한 것이다.

봄은 여름이 되고, 여름은 가을이 되며, 가을은 겨울이 되며, 겨울은 다시 봄이 된다. 아이는 청년이 되고, 청년은 장년이 되고, 장년은 노년이 되며, 노년은 다시 아이를 남겨두고 자연으로 돌아간다. 아침은 낮이 되고, 낮은 저녁은 되고, 저녁은 새벽이 되고, 새벽은 다시 아침이 된다.

이렇게 끊임없이 변화되는 자연의 모습은 과거에도 그랬듯 앞으로도 그럴 것이다. 영구히 지속되고 이어지는 것에 불변(不變)의 법칙이 있다. 변화의 반대 법칙이다. 변역(變易)과 불변 그리고 이것을 이어지게 하는 중화의 법칙을 역(易)이라는 글자로 표현한 것이다.

필자는 타고나서 바꿀 수 없으며 고정되어 있는 사주와 체질을 상담한다. 나의 타고난 사주와 체질을 알게 되면 보완할 수 있고 바꿀 수 있다고 강조하는 이유가 역(易)이라는 글자 속에 다 들어 있다.

우리는 수많은 경험을 한다. 그 경험이 삶의 순간순간을 만든다. 실제로 보고 몸소 겪고 다뤄 얻은 지식을 경험이라고 한다. 또 어떤 일에 부딪쳤을 때, 그것은 어떤 의미에서 우리들의 생활을 향상시킨다는 뜻을 포함하기도 한다. 훌륭한 경험은 훌륭한 지혜를 낳는다. 불행하다고 느껴질 때, 지금 이 순간은 훌륭한 경험이고 운이 오기 전의 준비 단계라고 생각하는 관점의 변화만 갖는다면 불행을 행운으로 바꿀 수 있는 방법은 수없이 많이 보일 것이다.

운의 기술

2

만나는 사람을 보면 운명이 보인다

누군가를 알고 싶거든 우선 그 사람의 친구가 누구인가를 물어 보라.
– 터키 격언

기(氣)리 기(氣)리

기운의 법칙을 모르는 사람들이 가장 빨리 다른 사람을 파악하는 방법
이 있다.

첫째, 그 사람의 가족을 보라.

둘째, 그 사람의 친구들을 보라.

셋째, 그 사람의 주변에 어떤 사람들이 모이는지를 보라.

그 사람이 만나는 사람을 보라는 말이다. 같은 기운끼리는 서로 통하
는 것이 있다. 끼리끼리 만난다는 말이 '기(氣)리 기(氣)리'에서 나왔다는
이야기가 있다.

부자가 괜히 부자끼리만 만나는 것이 아니다. 부자가 가난한 사람과 어울리고 싶어도 사고방식과 가치관, 세상을 바라보는 시선까지 모두 차이가 많이 나서 같이 어울릴 수가 없다. 운이 나쁜 사람의 주변에는 안 풀리는 사람, 억울하게 당한 사람, 아무것도 이룬 것이 없는 사람만 모여들게 된다.

남편의 뒷바라지만 몇십 년째 하는 어느 50대 여성은 남편을 말할 때 땅이 꺼질 듯이 한숨을 쉬며 말했다.

"제가 남편에게 바라는 것이 없어요. 돈을 벌어오라는 말도 안 해요. 제발 사고만 치지 말았으면 좋겠어요."

그녀는 이미 자포자기 심정이었다. 나는 남편의 사주를 보고 말했다.

"악운(惡運)이 시작된 지 15년 정도 됐네요. 이렇게 길게 악운이 들어오면 자신뿐만이 아니고 주변 사람에게 피해만 줍니다. 그리고 남편은 인덕(人德)이 없네요."

"맞아요. 그때부터 잘 다니던 직장을 그만두고 중학교 동창생을 만나서 동업으로 사업을 하다가 완전히 망했죠. 그 뒤로 만나고 다닌다는 선

배, 후배, 친구 모두 하나같이 직장도 없고 일이 안 풀리는 사람들끼리 만나고 있어요."

답답해하는 그녀에게 나는 말해주었다.

"운이 안 좋을 때는 주변에 재수 없는 사람만 모입니다. 지금 운을 바꾸고 싶으면 주변 사람 정리를 모두 해야 합니다. 그리고 사주에 사업은 없어요. 작은 돈이라도 직장 생활을 해야 합니다."
"정말, 제가 항상 하는 소리입니다. 제발 주변을 정리하라고요. 그럴 땐 돈을 못 벌어주니 사람도 못 만나게 한다고 큰 소리를 칩니다. 이제는 이 사람과 정말 이혼하고 싶어요."

그녀는 실제로 이혼 준비를 하고 있었다. 악운의 막바지에 남편 스스로 이혼까지 몰고 가는 어리석은 행동을 반복하고 있었다.

이렇듯 운이 안 좋으면 주변 사람부터 안 좋은 사람이 모여들게 된다. 엎친 데 덮친 격으로 더 악운의 구렁텅이로 빠져들게 한다. 악운이 오면 자신만은 현실을 자각하지 못한다. 주변의 누가 봐도 현재 자신의 행동이나 선택이 어리석은데도 자신만이 그것을 인지하지 못하는 경우가 대부분이다.

아직 마흔이 안 된 젊은 여성이 20년 가까이 차이가 나는 한 남자와 궁합을 물어보러 왔다. 부부 사이는 아니었으나 이미 오래 전부터 알아왔고 그와는 아이까지 있는 사이었다. 하지만 남자의 사주를 보니 도저히 두 가정을 책임질 수 있는 사회적인 능력이 없어 보였다. 관성(官星)과 재성(財星)이 빈약해 직장도, 사업도 어려워 보였다.

"일방적인 희생이 필요한 인연이네요."
"네, 지금까지 그랬지만 이번에는 자기가 하는 사업에서 꼭 좋은 결과가 있을 거라며 돈을 빌려달라는데 운이 어떤가 해서요."

이미 사업을 한다며 생활비를 주기는커녕 어렵게 자영업을 하며 혼자 아이를 키우는 이 여성에게 목돈을 한 번씩 가져갔던 이 사람은 이번에는 마지막이라며 돈 부탁을 하는 것이었다. 하지만 사주 자체에 재물이 없었고 운도 힘들어 보여서 필자는 담담하게 말했다.

"자신의 운(運)이 올 때는 어떤 사람을 통해서라도 열매를 쥐게 돼요. 아이 아빠지만 아이를 위해서라도 이제는 목돈을 주지 마시고 스스로 일을 해결하게끔 하시지요."
"돈을 주지 않으면 집에 와서 한 번씩 난동을 부리거든요. 걱정되네요."

필자가 볼 때는 아직 그녀의 나이가 젊고 어차피 아이 아빠는 가정이 있는 사람인 데다 혼인 신고도 안 돼 있는 처지라 조심스럽게 물어봤다.

"혹시 새로운 사람과 혼인해볼 생각은 해보지 않았나요?"
"지금 이 처지에 무슨 결혼인가요. 그리고 돈이 있어야 남자도 붙죠."

이야기를 더 나누어보았지만 그녀는 자신의 인생에서 남자에게 의지하고 기댄다는 것은 상상조차 못하고 있었다. 그녀의 무의식엔 이미 남자에 대한 뿌리 깊은 피해의식이 있었다.

스위스의 유명한 심리학자 칼 구스타프 융은 이렇게 말했다.

"무의식을 의식화하지 않으면 무의식이 우리 삶의 방향을 결정하게 되는데, 우리는 바로 이런 것을 두고 운명이라 부른다."

또 다른 심리학자인 티모시 윌슨은 말했다.

"무의식이란 의식에 도달하지는 못하지만 그 사람의 판단과 감정, 그리고 행동에 영향을 미치는 정신작용이다."

동양학에서 말하는 사주도 이러한 무의식을 여러 가지 각도로 들여다볼 수 있는 방법이다. 사주라는 것 자체가 타고난 성품과 성격이 어떻게 삶을 형성하는 것인지를 연구하는 것이기 때문이다.

자신도 모르게 형성된 무의식은 성품과 성격을 만든다. 앞으로 펼쳐질 인생, 그것은 무의식에 새겨진 성품과 성격을 얼마나 잘 조절하느냐에 따라 달라질 것이다. 하지만 일반 사람들은 자신의 무의식이 어떻게 형성되어 있는지도 모르기 때문에 그 무의식을 객관적으로 바라볼 수도 없다. 문제는 이 무의식이 성품도 만들지만 우리가 만나는 사람도 끌어당기게 된다.

쉽게 말해 자신의 자존감이 낮으면 형편없는 사람, 무능한 사람, 도움이 안 되는 사람들만을 선택하고 만나게 된다. 악운(惡運)이 오면 기운이 더 약해지기 때문에 좋은 사람이 와도 밀어내게 된다.

현재 자신의 운을 제대로 알고 싶다면 자신이 만나고 있는 사람들을 살펴보라. 그리고 자신의 무의식에 어떤 의식이 지배하고 있는지 제대로 알고 싶다면 자신이 어떤 사람을 좋아하고 선택하는지 살펴보라. 운(運)과 명(命)의 해답이 모두 주변 사람에서 나타난다.

3

천·지·인이 도우면 타고난 운명도 바뀐다

家健萬亨 身和事通(가건만형 신화사통)
: 가정이 건전하면 만사가 형통하고, 몸이 화평하면 일이 잘 된다.
— 『小學(소학)』

천지인(天地人)의 기운(氣運)이 보완된 슈퍼스타

아시아를 넘어 세계 최고들만 모이는 메이저리그에서 '코리안 몬스터'
라 불리는 류현진은 역대 최고의 한국인 투수 중 하나이다. 그가 성공할
수밖에 없었던 이유를 역학상으로 풀어보면 다음과 같다.

첫째, 타고난 천기(天氣)와 운로(運路)의 흐름이 너무 좋다.
둘째, 운명을 좌우하는 배우자를 매우 잘 만났다.
셋째, 환경의 기운인 지기(地氣)를 잘 선택했다.

이제 그의 운(運) 경영을 본격적으로 살펴보자.

류현진의 생일은 양력 87년 3월 25일이고, 음력으로는 2월 26일이다. 금(金)의 기운에 모든 재능이 꽃을 피우고 수(水)의 기운에 전체적인 완성의 열매가 된다. 류현진의 타고난 기운은 음력 2월 계수(癸水)라는 물의 자리가 자신의 자리다. 그리고 월지(月地)와 년지(年地)에 묘목(卯木)이라는 식신(食神)의 기운이 강한 사주이다. 그리고 연월일까지 모두 음(陰)의 기운을 받고 태어났다. 음은 섬세함이나 꼼꼼함의 기운이다. 보기에는 몸집도 크고 강한 이미지로 보이지만 태어난 기운으로 섬세함이나 꼼꼼함의 기운이 강하다.

동방(東方)목(木)은 배움의 상징인 학자성의 기운이다. 학자성 목(木)의 기운이 식신(食神)이라는 창의성과 재주를 상징하는 글자를 강하게 해주고 있다. 배운 것을 바로 재주로 연결시키고 그 재주가 돈을 벌게 해주는 사주이다. 식신의 기운은 재물의 뿌리가 되기 때문이다.

운로의 흐름은 기가 막힐 정도로 좋게 풀리는 명(命)이다. 10년 대운(大運)의 흐름이 6의 수리다. 16세부터 10년간 신금(辛金)이라는 희신의 기운이었고 지지는 일지와 삼합(三合)의 작용으로 또다시 금(金)의 기운이 들어오는 때였다. 재능의 꽃을 피울 수 있는 금의 기운이 가장 중요한 나이인 16세부터 금(金)의 기운이 들어온 것이다.

류현진은 고등학생 때 4번 타자로 활동하며 팀의 우승을 만들었다. 놀라운 것은 26세부터 10년간은 경자(庚子)대운(大運)이다. 천간(天干)에 금의 기운이고 땅의 기운은 물 기운이 제일 강한 자수(子水)이다. 자신에게 가장 좋은 금(金)과 수(水)의 기운이 위아래로 들어온 것이다. 2013년에 미국 LA다저스와 계약을 맺었다. 대운(大運)도 금수(金水)의 기운이었지만 2013년 계사(癸巳)년(年)은 천간에 계수(癸水)라는 물의 자리이고, 사(巳)는 태어난 날과 삼합(三合)의 작용으로 또다시 금의 기운을 만들어주는 해였다.

경자(庚子)대운(大運)에 발복했던 류현진은 내년이 또 경자(庚子)년(年)이다. 그리고 내년부터 4년간 천간의 흐름이 전부 금과 수의 기운이다.

여기까지는 우연치고는 놀랍도록 타고난 천기(天氣)를 보완하는 기운이 운에서 들어오고 있다. 이렇게 대한민국을 대표하고 세계 최고의 무대에서 활약하려면 타고난 천기가 어느 정도 받쳐줘야 되지 않을까라는 생각을 해본다. 천기는 보완할 수 없다지만 운명을 완성하는 지기(地氣)와 인기(人氣)는 선택할 수 있다.

류현진의 지기(地氣)를 살펴보자. 그는 바다를 끼고 있는 인천에서 태어났다. 그리고 지금 최고의 전성기를 누리고 있는 미국은 풍수상 금(金)의 나라이다. 태어난 고향은 어쩔 수 없다지만 미국을 선택했던 것도 그에게는 지혜로운 운의 경영이었다.

　그리고 인기(人氣)인 사람의 선택은 굉장히 중요한데, 특히 배우자의 선택은 운명을 바꿀 수가 있을 정도로 중요하다.

　류현진의 아내 배지현은 양력 87년 1월 22일에 태어났고 음력으로는 86년 12월 23일이다. 배지현은 음력 12월에 신금(辛金)이라는 금(金)의 자리에 태어났다. 그런데 이 금의 기운이 굉장히 강하다. 월지(月地)와 일지(日地)에 신금을 살려주는 토(土)의 기운이고 월(月)의 천간(天干)에도 금(金)의 기운이 떠 있다.

　류현진에게 그의 재능을 살려주는 기운이 금(金)의 기운이라고 하였다. 자신의 아내 사주에 금(金)의 기운이 쫙 깔려 있으니 얼마나 선택을 잘했는가? 배지현 씨 개인의 운(運)도 25세부터 30년간의 대운(大運)의 흐름이 좋은 운으로 가고 이 시기에 계속 금(金)의 기운은 더 강력해진다. 그리고 동그란 타원형의 얼굴형과 눈의 모양도 동그란 수(水)의 형상이다. 타고난 기운은 류현진에게 금을 줬고 이름의 성씨와 얼굴의 형상도 모두 수의 형상이다.

　인기(人氣) 중 가장 중요한 배우자 선택을 잘한 류현진의 이름도 금(金)의 기운으로 몰리는 화토금(火土金)의 흐름으로 좋게 지어졌다. 그리고 얼굴과 골상(骨相)의 기운도 수(水)의 형상이다.

1000년 전부터 존재한 운명(運命學)

류현진의 타고난 천기(天氣), 지기(地氣), 인기(人氣)를 분석해 보았다. 그리고 그의 관상과 이름이라는 행운법도 살펴보았다.

사람들이 가장 두려움을 느낄 때는 어떤 것에 대해 감지도, 파악도 못하고 실체도 밝혀낼 수 없을 때이다. 인생을 살아가면서 두려움을 느끼는 것은 미래에 대한 불안감과 현실에 대한 막연함 때문이다. 류현진 같은 유명인의 인생을 풀어보면 운명학자들이라면 스스로 고개를 끄덕일 정도로 천기와 지기, 그리고 인기의 보완이 눈에 확연히 들어온다.

그리고 일반인들의 인생도 풀어보면 마찬가지로 그렇게 살 수밖에 없는 이치가 선명하게 드러난다. 이러한 사례가 모이면 통계가 되고 통계가 일정한 수치로 나오면 학문이 된다. 이러한 통계를 내서 운명학이 만들어진 것은 1,000년이 넘는다. 현존하는 학문 중에 우리가 눈에 보이지 않았던 운에 대해서 이렇게 구체적으로 풀어지고 논리를 제시하는 학문이 과연 있을까?

조금만 관심을 가지고 시중에서 판매하는 고전 명리학 책을 보면 고대에 활동했던 그 당시의 왕들과 고위관직들, 일반 평민에 이르기까지 타고난 천기의 분석이 매우 자세하게 나와 있다. 그리고 아주 구체적으로 언제 성공하고 실패하고 사망했는지도 기록이 되어 있다. 풍수를 연구한 지기(地氣)에 관한 고서를 봐도 어느 방향에 어떤 위치로 묘나 집을 지어서 흥망성쇠를 했는지가 자세하게 기록되어 있다.

유명인과 성공인들의 성격과 행동을 분석하는 많은 서양의 자기계발 이론은 거의 같은 소리를 한다. 목표를 세우고 부지런하고 성실한 자세로 노력한다면 성공한다는 통상적이고 비슷한 논리를 말한다. 그렇다면 항상 계획을 세우고 새벽부터 열심히 사는 일반 노동자들과 서민들은 왜 큰돈을 못 벌고 가난에서 헤어나오지 못할까?

운명을 해석하고 그것을 보완할 수 있다는 학문이 있는 것 자체가 흥미롭지 않은가. 이 운명학을 업(業)으로 삼고 있는 필자는 분명하게 말할 수 있다. 자신의 타고난 천기(天氣)를 알고 지기(地氣)와 인기(人氣)를 보완한다면 운명은 바꿀 수 있다.

4

삼성은 어떻게 세계적인 기업이 되었나

뿌리 깊은 나무는 바람에 움직이지 않아 꽃피고 열매를 많이 맺는다.
－『龍飛御天歌(용비어천가)』

삼고초려도(三顧草廬圖)

세상에서 큰 성취를 이루기 위해서는 천기(天氣), 지기(地氣), 인기(人氣)인 삼기(三氣)가 조화를 이루어야 한다. 천기(天氣)는 태어난 것이기 때문에 선택할 수 없다지만 지기(地氣)와 인기(人氣)는 얼마든지 노력에 의해서 조절이 가능하다. 태어났을 때 부족한 기운을 지기와 인기로써 채워준다면 개인은 큰 성공을 거둘 수 있고 기업은 글로벌하게 뜻을 펼칠 수가 있다. 특히 인기(人氣), 즉 인화(人和)는 기업이 가장 중요시해야 하는 분야다. 왜냐면 기업을 만든 것은 사람이고 그 사람들이 모든 일을 하기 때문이다.

삼성은 세계적인 갑부(甲富) 기업이다. 갑부는 하늘이 내린다는 말이 있다. 왜냐면 수만, 수십만 명을 먹여 살리면서 개인을 넘어 국가와 세계를 움직일 수 있기 때문이다. 우리나라를 삼성공화국이라고 말할 정도로 삼성은 없어서는 안 될 기업이 되었고, 이제는 전 세계적으로도 삼성의 영향력은 대단히 커졌다. 하늘을 움직여 세계적인 갑부가 된 삼성에는 필연적인 운(運) 경영의 비밀이 숨어 있다.

창업주 고 이병철 회장은 돈을 번 비결에 대하여 운칠기삼(運七技三)이라고 겸손히 말했다. 지금까지 성공한 것이 자신의 재주가 삼할(三割)이었다면 운이 칠할(七割)이었다고 표현한 것이다. 이병철 회장이 운을 중요시했던 것은 여러 가지 일화를 통해 드러난다.

그의 『호암어록』에 좌우명으로 기록된 '운(運) 둔(鈍) 근(根)'이라는 글자가 있다. '성공하기 위해서는 운(運)이 따라야 하고, 우직하게(鈍) 기다림이 필요하며, 운이 닿더라도 근기(根,근성)가 있어야 한다.'는 말이다. 그리고 그의 사무실에는 '경청'이라는 글귀가 항상 걸려 있었다고 한다.

"어린아이의 말이라도 경청하라."

그가 가장 중요시 했던 것은 인화(人和)였다. 그가 인재를 뽑기 위해 당시 장안의 최고의 관상가와 뛰어난 명리학자도 동원했던 것은 공공연한 사실이다.

아버지의 뒤를 이은 이건희 회장은 '최고기업은 최고 인재가 만든다.' 는 캐치프레이즈(catchphrase)를 세우고 '천재 사냥'을 했다. 삼성전자는 2000년도에 해외 석박사를 채용하는 전담 태스크포스(task force)를 꾸렸다. 당시 이공계 수재 5천 명가량을 일일이 면담해 상당수를 바로 채용했다. 또한 채용한 인재들이 유출되는 것을 철저히 막았다. 해외 석박사는 H(highly potential)급으로 분류해 파격적인 대우를 해주었다.

이건희 회장은 계열사 사장단 회의가 열릴 때마다 "당신네 회사는 핵심 인재를 몇 명 확보하느냐"고 독촉했다고 한다. 이병철 회장보다 더 인화(人和)를 중요시했던 이건희 회장은 후계자 이재용 삼성전자 상무에게 〈삼고초려도(三顧草廬圖)〉를 선물했다. 경영의 성패를 좌우하는 것은 인재 확보라는 사실을 강조하기 위해서였다. 삼고초려에 설득된 전 세계의 제갈량들이 세계 1등 기업을 만든 것이다.

역사상 가장 존경받는 국왕이나 리더들의 공통점은 자신의 사리사욕을 버리고 대망(大望)을 위해 자신을 기꺼이 희생하고 인재등용에 물불을 가리지 않고 공을 들였다는 점이다. 자신을 극도로 낮추면서까지 유능한 사람들을 발탁해 뜻을 이루었다. 그들은 인재를 얻기 위해서는 체면과 권위에 구애받지 않았다. 또한 자신의 일부를 떼어서 줄만큼 의지가 강하고 대의를 위해 자신의 모든 것을 걸었다.

천(天), 인(人), 기(氣)의 삼기(三氣)를 모두 잡은 삼성

요즘 정치권이나 기업들은 인재를 등용하려고 혈안이다. 누구나 인재를 얻기 위해서 최선을 다한다지만 결국 인재를 영입하려는 사람의 그릇에 따라서 황금잉어들이 한쪽으로 몰려들게 마련이다. 하지만 황금잉어만 모아서는 의미가 없다. 황금잉어들이 적응을 잘하고 뜻을 펼칠 수 있도록 어장을 잘 만들어줘야 다른 곳으로 가지 않는다. 그것까지 된다면 말 그대로 황금어장이 되는 것이다. 그럼 어떻게 해야 인재들이 모일까? 어떻게 그 인재들이 떠나지 않는 황금어장을 만들 수 있을까?

"천시불여지리(天時不如地利) 지리불여인화(地利不如人和)"라는 맹자의 말에 답이 있다. "하늘의 때는 지형의 유리함만 못하고 지형의 유리함은 사람들의 화합만 못하다."라는 말이다. 천시와 지리와 인화 중 인화가 제일 중요하다는 말에서 현실 경영의 나갈 길이 보인다. 이 말은 쉽게 해석하면 인재를 모으고 화합을 할 수 있다면 나라와 국경을 초월하고 하늘의 기운, 즉 운(運)까지 바꿀 수 있다는 것이다.

하늘의 기회, 즉 천복(天福)이나 천운(天運)의 출발점은 인화(人和)가 되는 것이니 대망(大望)을 이루려는 사람은 먼저 다양한 계층과 민심(民心)을 화합할 수 있는 리더십이 있어야 한다.

인화(人和)의 핵심은 배려다. 나의 이기적인 욕심이나 욕망 같은 사리사욕을 버리지 못하면 인화는커녕 있는 조직이나 인재들도 떠나기 마련이다. 요즘 정치나 경제 분야의 리더들은 말로는 '국민을 위한다.', '직원들을 위한다.'라는 대전제를 달고 자신들의 홍보를 한다. 결코 이러한 대전제가 일회성이나 자신들이 필요할 때만 쓰는 선전물이 되면 안 된다. 국민들과 아랫사람들을 진정으로 아끼고 사랑해야 국가가 살고 기업이 살기 때문이다.

앞에서 보았듯이 인화(人和)에 많은 정성을 들였던 삼성이 지기(地氣)에도 얼마나 신경을 썼는지 보면 참으로 대단하다. 옛 태평로 삼성그룹 본관 건물은 1976년 완공된 건물로 과거 조선 화폐인 백동전을 찍어내던 전환국이 있던 터였다. 인왕산과 남산의 주(主)기운이 흘러와서 옛부터 재운(財運)이 모이던 자리다. 또한 이건희 회장이 강력하게 추진했던 서초 삼성타운도 사방(四方)에서 물이 모이는 수관재물(水管財物)의 자리다. 특히 사방의 지대보다 더 낮아서 물만 모이는 것이 아니라 기(氣)까지 모여들기 때문에 풍수 최고수의 도움을 받지 않았다면 들어갈 수 없는 자리다.

삼성은 타고난 창업주의 천기(天氣)의 그릇도 컸으나 그것을 채우기 위한 지기(地氣), 인기(人氣)까지 남다른 신경을 썼다. 천(天), 인(人), 기(氣)의 삼기(三氣)를 모두 잡은 것이 삼성이 세계적인 기업이 된 주된 이유다.

5

사람을 가려 만날 줄 알아야 성공한다

풍요 속에서는 친구들이 나를 알게 되고 역경 속에서는 내가 친구를 알게 된다.
– 존 철튼 콜린스

웃음 속에 칼을 품고 있는 사람

찬바람이 불던 어느 날의 늦은 오후, 한 중년의 신사가 방문했다. 자신과 같이 사업을 시작한 친구 때문에 고민이 생겼다고 했다. 그 친구의 사주를 보니 팔음(八陰) 사주에 권모술수가 보였다.

"이분을 제대로 파악하는 게 쉬운 게 아닐 겁니다. 입으로는 웃으나 안에는 칼을 품고 있는 상이네요."

"예, 맞아요. 어렸을 적 친구로 지내다 이제 성인이 다 돼서 만났는데, 어렸을 때의 제 친구가 아닌 것 같아서요."

상담을 해보니 각자 사업을 하다가 우연히 만나 공동 사업을 추진하게 되었다고 한다. 그런데 추진하고 있는 사업의 가능성이 충분한 것으로 판단이 되자 친구의 행동이 달라졌다는 것이다. 순수하고 착한 줄로만 알았던 친구가 자신을 배제시키려고 거래처의 사장 사이에서 이간질을 했다. 심지어는 은근슬쩍 자신의 몫만 챙기려 하는 등 사업하기 전에는 전혀 드러나지 않았던 면이 드러나 당황했다고 한다.

사람은 매우 복잡한 존재이다. 그래서 사람을 제대로 알아보기란 쉬운 일이 아니다. 세상에는 순진해 보이는 강도가 있는가 하면 겉으로는 공손하지만 속으로는 거만한 사람이 있다. 태도는 신중하지만 일에서는 성실하지 않은 사람이 있다. 꼼꼼해 보이지만 실없는 사람이 있는가 하면 진실해 보이지만 한결같지 않은 사람도 있다. 지혜롭지만 판단 앞에서는 우유부단한 사람, 겉으로는 과감하게 행동하지만 사실은 아둔한 사람, 진심 어린 태도로 말하지만 행동은 신뢰할 수 없는 사람이 있다. 미련해 보이지만 성실한 사람, 과격하지만 실천력은 없는 사람도 있다. 강해 보이지만 겁 많은 사람, 엄숙해 보이지만 평범한 사람, 까다로워 보이지만 따뜻한 사람들도 있다.

사람의 겉모습과 속마음이 꼭 일치하는 것은 아니다. 표리부동한 사람은 대개 위장술에 능하기 때문에 더욱 판별해내기가 쉽지 않다. 그저 좋아만 보이는 사람일수록 이런 부류에 속할 가능성이 높다. 사심이 가득한 사람일수록 정의와 공정을 내세우고 속임수에 능한 사람일수록 정직을 표방한다.

모든 것에는 양면성이 존재한다. 사람을 볼 때도 겉모습만 보고 현혹되어서는 안 된다. 하지만 사람의 겉모습을 볼 때 작은 기미나 안색을 살펴서 내면의 기운을 읽고, 그의 형상과 틀을 보고서 격을 잘 본다면 진면목을 간파할 수도 있다.

이것을 체계적으로 정리한 것이 관상학(觀相學)이다. 또한 그 사람을 볼 수 없을 때 그가 태어난 년, 월, 일, 시의 자연의 기운을 어떻게 받았는지 분석해서 그 사람의 그릇을 판단한 것이 사주명리학이다. 모두 사람을 좀 더 잘 파악하고자 고래로부터 전해 내려온 동양철학인 것이다.

『상서(相書)』에서는 말했다.

"대인에게는 반드시 귀안(貴眼)이 있으나 천한 사람에게는 귀한 눈이 없다."
"그대가 상대의 마음을 알려면 먼저 눈이 맑은지 탁한지를 보라."

눈에서 천함과 귀함을 가늠할 수 있으며, 눈은 현재의 마음 상태를 비취주는 거울이라는 말이다.

　서양과 달리 동양, 특히 한국 사람들은 얼굴 혹은 눈을 마주 보고 이야
기하는 것을 꺼리는 경향이 있다. 오랜 전통에서 비롯된 습성이 굳어진
탓이겠지만, 어떤 사물을 보거나 대화를 나눌 때는 몸 혹은 얼굴을 눈동
자가 가는 방향으로 돌리는 것이 바른 자세다.

　겉 다르고 속 다른 음흉하고 교활한 사람은 대화를 할 때 얼굴을 정면
으로 쳐다보지 못하고 고개를 숙이거나 곁눈질로 흘끔흘끔 훔쳐보듯이
대화를 한다. 또한 눈빛의 색이 회색빛으로 눈에 밝은 기운이 없다. 그리
고 관심 없는 것은 전혀 집중해서 쳐다보지 않는다. 쳐다본다고 해도 눈
에 영혼이 없다.

　이런 사람들은 겪어볼수록 이기적이다. 입술에 침도 안 바르고 온갖
감언이설로 현혹하다가 상대에게서 허점이라도 발견하게 되면 감추고
있던 본성을 드러내 끊임없이 약점을 파고들어서 목적한 바를 탈취한다.

　『상서』에 보면 이마가 보기 좋게 넓고 눈빛이 맑으면서도 샛별 같이 빛
나는 눈의 소유자는 명예와 귀(貴)한 위치에 오르며 많은 사람을 상대하
는 직업이 잘 어울릴 것이고, 이름 또한 널리 알리는 상(相)을 가진 것이
다.

남녀가 사랑할 때 나타나는 눈빛은 이와 비슷하지만 약간 다르다. 사랑하는 사람이 있거나 애정이 무르익었을 때도 이와 비슷하게 빛이 나지만 훨씬 더 부드럽고 촉촉하게 빛나는 눈동자를 하고 있다. 특히 여성에게서 이런 눈동자를 본다면 현재 사랑하는 사람과 열애중인 경우가 많다.

눈빛이 빛나면 무조건 좋은가? 그건 아니다. 바람둥이 눈빛도 빛나고 노름꾼, 사기꾼 눈빛도 빛난다. 이런 눈빛은 광기에 가깝게 번뜩이는 눈빛이다. 그들의 눈빛은 빛나는 것처럼 보여도 어쩐 일인지 얼굴이나 몸에서 뿜어져 나오는 기가 안으로 모여 있지 않고, 이리저리 흩어지는 느낌이다. 또한 눈빛이 안정되지 못하고 상대방 몰래 전후좌우로 끊임없이 움직인다. 온몸에서 느껴지는 기가 평화롭지도 맑지도 않으며 어지럽고 탁하고 불안하다. 이렇게 기를 느끼기가 어려울 것 같지만 조금만 집중을 하면 누구나 느낄 수 있다. 이런 눈빛을 내뿜는 사람이 주변에 있다면 특히 조심할 필요가 있다.

인물(人物) 관찰법(觀察法)

고전(古典)에 보면 어떤 능동적 공작을 해놓고 그 반응에 의하여 정체를 아는 육도(六韜)라는 인물관찰법이 있다. 『육도』는 중국 주나라의 건국에 공로를 세운 태공망이 설법한 병서이며, 처세의 책이다.

이 인물관찰법은, 난세(亂世)때 인재를 등용하고 아랫사람을 잘 고르기 위해 만들어졌다. 이 말을 요즘 말로 한다면 '체크 리스트'라고 할 수 있겠다.

『육도』에 의하면 인간의 본심은 숨겨져 있어서 그 외관만으로는 알 수 없다. 그래서 본심을 알기 위해서는 행동을 시켜본 다음 거기에서 나타나는 변화로 그 사람을 판단한다. 『육도』에는 이 테스트 방법을 여덟 가지로 나누고 있다. 말하자면 외모와 중정, 곧 진심이 서로 상응하지 않는 자를 분별함에는 여덟 가지 증표가 있다고 말한다. 이것을 보통 8증법이라고 하는데 다음과 같다.

첫째, 무엇인가 질문을 해보고 그 이해의 정도를 관찰한다.

둘째, 추궁을 해서 그 당장의 반응을 관찰한다.

셋째, 함정을 만들어 놓고 그 성실성 여하를 관찰한다.

넷째, 비밀을 털어놓고 그 인간의 덕망을 관찰한다.

다섯째, 돈을 맡게 하여 그 정직함의 여하를 관찰한다.

여섯째, 여자를 접근시켜 인물의 견실함을 관찰한다.

일곱째, 어려운 일을 시켜보고 용기가 있는지 없는지를 관찰한다.

여덟 번째, 술에 취하게 하여 그 태도를 관찰한다.

8증법은 생존이 걸린 치열한 전쟁 시대 때 만들어졌기 때문에 수단과 방법을 가리지 않는 무모한 면이 없진 않다. 현대에서 이 여덟 가지 관찰법을 다 적용할 순 없겠지만 이 중 몇 가지는 어떤 사람을 판단할 때 유용하게 사용할 수 있을 것이다.

사람을 잘 선택한다는 것은 아무리 말해도 부족함이 없을 것이다. 특히 혼인으로 연결되는 부부의 인연은 운명 자체를 바꿀 수 있는 중요한 선택이다. 상담을 하면서 안타까운 것은 이미 만남을 가진 상태에서 헤어질 수 없는 상황을 만들고 나서 필자를 찾아오는 경우다. 아무리 상대방에 대해서 설명을 해준다 한들 무슨 소용이 있겠는가? 간혹 이미 선택했으니 상대방의 성품을 바꿀 수 있는 방법은 없는지 물어보는 사람도 있다. 세상에서 가장 바꾸기 힘든 것이 타고난 성품이다. 그러니 중요한 사람일수록 선택하기 전 꼭 현명한 선택을 해야 한다.

6

성공하고 싶다면 당신의 귀인을 찾아라

易得笑言友 難逢始終人 (이득소언우 난봉시종인)
: 웃으며 말하는 친구를 얻기는 쉬우나,
처음부터 끝까지 우정이 변하지 않는 사람을 만나기는 어렵다.
-『古意論交(고의논교)』

똑같은 사주는 다 같은 운명을 사는가!

사주가 미신이며 비과학적이라고 말하는 사람들은 이렇게 묻는다.

"똑같은 사주는 다 같은 운명을 사는가?"

이러한 질문은 동양학에서의 기(氣)의 법칙과 명리학의 원리를 모르기 때문에 나온다. 명리학(命理學)은 자신의 정해진 명운(命運)을 먼저 안 다음 운의 흐름, 주변 환경, 사람에 따라 변화하고 순환하는 운기(運氣)의 맥(脈)을 해석하는 것이다.

따라서 한 날 한 시에 태어나 같은 사주를 가졌어도 현실의 삶은 달라진다. 갖고 태어난 천기(天氣)의 음양오행은 같아도 타고난 음양오행에 변화를 주는 각자의 부모, 형제, 친구, 연인, 배우자, 자식까지 모두 다르다. 같은 날 같은 시에 태어날 확률은 어느 정도 되나 주변 사람까지 같을 확률은 제로이기 때문이다. 실제로 현장에서 운명을 감정할 때, 한 사람의 운로(運路)를 자세히 보기 위해서는 배우자나 자식, 부모의 사주까지 같이 본다. 서로 연관된 명운(命運)을 더 정확히 보기 위해서다.

어떤 중년 남성은 사주에 관록(官祿)이 없었다. 하지만 그는 당시 공무원이었으며 승진도 소문날 정도로 빨랐다. 이럴 경우에 사주의 해석이 잘못되지 않았나 의심할 수 있다. 그러나 답은 부인 사주에 있었다.

그에게 관성(官星)이 오행(五行)상 동방(東方)목(木)이었는데 그녀는 완연한 봄에 목이 왕(旺)한 사주였다. 자신에게 부족한 관성의 성분을 부인이 완벽하게 가지고 있었다.

"만약 부인을 만나지 못했다면 당신은 공직생활을 하기 힘들었을 겁니다."

"생각해 보니 그러네요. 제가 이 사람을 만나기 전까지 무직이었는데 이 사람이 자신과 결혼을 하고 싶으면 공무원이 돼야 한다고 하면서 학원도 등록해주고 합격하기까지 3년간 뒷바라지해주었습니다. 또한 결정적인 승진 때도 집사람의 내조가 한 몫을 해주었죠."

사주에 관성이 없다고 해서 절대로 공무원이 될 수 없는 것은 아니다. 그렇지만 타고난 천기(天氣)에서 관성의 성분이 부족한 사람이더라도 부모나 배우자가 부족한 성분을 가지고 있거나 이름이나 풍수적인 방법으로 오행을 채워주면 좋은 변화를 보게 된다.

결국 명리학에서 사주란 한의학에서 말하는 타고난 체질과 같다. 타고난 체질이 약하더라도 자신의 체질을 잘 알고 그에 맞는 음식과 보약을 먹으면 무병장수한다. 자신의 명운을 알고 부족한 부분을 잘 채우기만 하면 타고난 숙명도 개운(開運)할 수 있는 것이다.

이상적인 얼굴 구선(九善)

운명을 바꾸고 싶을 때 가장 중요한 것 중의 하나가 내가 만나는 사람 즉, 인기(人氣)다. 그럼 우리는 어떤 사람을 만나고 선택해야 될까?

타고난 명운(命運)을 분석하기는 힘드니 외형으로 살필 수 있는 법을 알아보자.

관상학의 고전(古典)에서는 여성의 이상적인 얼굴을 아홉 가지(九善)로 설명하고 있다. 이 구선(九善)은 남성에게도 비슷하게 적용된다.

머리가 원형으로서 이마가 평평한 것을 일선(一善)으로 본다.
뼈가 가늘고 피부가 보드라운 것을 이선(二善)으로 한다.

입술이 붉고 이가 하얀 것을 삼선(三善)으로 한다.

눈이 길고 눈썹이 빼어난 것을 사선(四善)으로 한다.

손가락이 뾰족하고 손바닥이 두터우며 손금이 헝클어진 실과 같이 가느다란 것을 오선(五善)으로 한다.

목소리가 물과 같이 맑은 것을 육선(六善)으로 한다.

웃을 때 이가 드러나지 않은 것을 칠선(七善)으로 한다.

보행은 천천히, 앉고 누울 때는 조용한 자세가 흐트러지지 않는 것을 팔선(八善)으로 한다. 신기(神氣)는 맑게, 또한 부드럽게, 피부가 촉촉한 것을 구선(九善)으로 한다.

타고난 관상(觀相)과 골상(骨相)은 일선부터 오선까지라고 생각하면 된다. 이렇게 태어날 때부터 바꿀 수 없는 부분도 있지만 육선부터 구선까지는 마음먹기에 따라서 당장에라도 고칠 수 있는 개운(開運)관상에 들어간다. 자세와 마음가짐에 신경을 쓰고 노력한다면 얼굴의 상(相)도 귀상(貴相)으로 바뀔 수 있다.

자주 오시는 모 기업체의 사모님이 이러한 개운관상을 가지신 분이시다. 타고난 기운으로만 보면 어두운 기색의 관상을 가져야 하나 현실은 너무나도 자애롭고 평온하며 온화한 상을 가지고 있었다.

"원래 타고난 성품보다 훨씬 귀한 상을 가지셨어요. 특별한 종교나 사상이 있으신가요?"

"그렇게 봐주시니 부끄럽네요. 아버님이 완고한 교육자여서 어렸을 때부터 천자문부터 명심보감, 사서삼경까지 통독을 했습니다. 그렇게 하기 싫었던 그 한문 공부가 제가 철이 들면서 제 인격 수양에 많은 도움이 됐지요. 그리고 부처님의 법을 만난 다음에 나에게 펼쳐지는 모든 현실이 내 업보(業報)라는 것을 알고 다 내 탓이라고 생각하며 사니 남들이 볼 때는 좋아 보이나 봐요. 하지만 제 타고난 성품 때문에 저는 아직도 제가 마음에 안 듭니다."

그분은 이미 타고난 인생을 달관하고 깨달음의 경지에까지 이르렀음을 알 수 있었다. 훌륭한 아버님의 교육으로 지혜를 학습하고 기도와 경전으로 인생의 희로애락에 대해서 초연함을 가지게 되니 타고난 사주의 숙명을 이미 뛰어넘은 것이다.

현재 자신의 얼굴과 자세에서 나타나는 모든 품격이 곧 사주이자 인생인 것이다. 사주와 인생을 바꾸고 싶다면 행동과 자세를 교정해 품격을 바꿔야 한다.

품격을 바꾸는 첫 번째는 마음을 바꾸는 것이다. 사람을 알고자 하고 도움 되는 사람을 선택할 때 관상학에서 말하는 구선(九善)의 의미를 잘 음미해본다면 많은 깨달음이 있을 것이다.

7

사람 경영이 당신의 성패를 좌우한다

疑人勿使 使人勿疑(의인물사 사인물의)
; 사람을 의심하면 부리지 말고, 사람을 부리면 의심하지 말라.
- 『宋史(송사)』

이해(利害)의 양면을 모두 고려한다

『손자병법(孫子兵法)』에 보면 다음과 같은 구절이 있다.

"총명한 장수는 사물을 고려함에 있어 반드시 이해(利害)의 양면을 모두 고려한다. 이로운 것은 임무를 달성하는 근본이 되고, 해로운 것은 의외의 사태 발생을 방지할 수 있는 수단이 된다."

유리한 상황이라도 불리한 면을 고려하면 일이 순조롭게 진행되며, 불리한 상황에서도 유리한 쪽을 고려하면 걱정거리를 해결할 수 있다는 말이다. 비단 전쟁터의 장수들에게만 해당되는 말이 아니다. 기업을 이끄는 리더들도 새겨놓아야 할 내용이다. 이익과 손해라는 두 방면을 변증

법적으로 분석한 손자의 관점을 본받는다면 사고의 편협성을 피하고 경영상 이해 관계의 균형을 유지하여 이익은 추구하고 손해는 피할 수 있을 것이다.

　이익과 손해는 서로 섞여 있을 뿐만 아니라 왕왕 뒤바뀌기도 하기 때문에 경영에 위험을 초래한다. 이로운 쪽을 취하다 보면 반드시 해로운 면도 생기기 마련이다. 백 가지가 이롭고 해로운 것은 하나도 없는 사업은 존재하지 않는다. 그래서 기업가와 경제 이론가들은 수지타산, 예측 불허의 변수 등 다양한 연구와 분석을 통해 보다 더 큰 이윤 추구를 위해 움직인다.

　『손자병법』은 이렇게 말한다.

　"기(奇)와 정(正)의 변화는 헤아릴 수 없이 무궁무진하다."

　이 기(奇)와 정(正)의 뜻을 이해하고 응용하면 현실에서 다양한 진법(陣法)을 구사할 수 있다. 그렇다면 '기정(奇正)'을 조금 더 구체적으로 살펴보자.

　전략상 공개적으로 선전포고하는 것은 정(正)이고 갑자기 기습하는 것은 기(奇)다. 전술상 정면 공격은 정이고 에워싸는 식으로 측면 공격하는 것은 기다. 밝음은 정이고 어둠은 기다. 낮은 정이고 밤은 기다. 기와 정이 서로 도와 일이 잘되도록 하고 서로 뒤바꿔서 응용하면 무궁무진한 진법이 나온다. '기정'의 상호 변화의 핵심은 새로운 것을 창조하고 개척하는 것이다.

마쓰시다 전기사업 주식회사의 최고 고문 마쓰시다 고노스케는 일본에서 경영의 신으로 떠받들어지고 있다. 그는 자전거 가게에서 시작하여 '내쇼날', '파나소닉' 등을 비롯하여 570여 개의 계열사를 거느린 기업의 총수가 되었다.

마쓰시다 전기의 제품 수는 1918년 창업 당시 2개였지만, 1931년에는 200여 종, 1937년에는 2,000여 종에 이르며 왕성하게 제품의 다각화를 이루어냈다. 그는 일본 최초로 사업부제를 도입하기도 했다.

"천지도 날로 새로워지고 있는데, 인간의 경영 패턴이 어찌 날로 새로워지고 바뀌지 않을 수 있는가."

현명한 경영자라면 이해 관계를 컨트롤 할 수 있어야 하며, 항상 새로운 혁신을 할 수 있도록 적시에 변신할 수 있어야 주도권을 장악할 수 있다. 이렇게 상호 변화의 핵심을 『손자병법』에서는 '기정'으로 설명했고 역학에서는 음양(陰陽)의 순환 법칙으로 설명했다.

운의 기술

세상의 어떤 분야든 보이지 않는 음의 기운과 양의 기운을 조화롭게 경영하면 성공을 할 수 있다. 하지만 지혜롭고 현명한 성품을 가진 사람이라도 사람을 잘못 쓰고 잘 리드하지 못하면 절대로 큰 사업이나 정치에는 눈을 돌리지 말아야 한다. 그런 사람은 전문성을 가지고 1인 창업가로 가서 성공을 해야 한다.

사람의 경영은 성패(成敗)를 좌우한다

기업을 일구고 수많은 사람들을 이끌려면 사람 경영을 잘해야 한다. 사람을 잘 다스리지 못하면 절대로 큰일을 할 수가 없다. 그래서 옛말에도 "군주(君主)가 치국(治國)의 대도(大道)를 세우면 열두 가지 재질을 가진 사람들이 각자 알맞은 임무를 맡게 된다."라는 말이 있다. 기업이나 국가를 다스리는 것은 군주이지만 모든 일은 사람이 하기 때문에 사람 경영을 잘해야 한다는 의미이다.

한나라를 세운 고조 유방은 황제가 된 후 주연을 베풀면서 신하들에게 물었다.

"제후와 여러 장수들은 감히 짐에게 숨기지 말고 내가 천하를 얻은 까닭은 무엇이며, 항우가 천하를 잃은 까닭은 무엇인가?"

이에 고기(高起)와 왕릉(王陵)이라는 신하가 답했다.

"폐하께서는 사람을 부려 성을 공격하고 땅을 빼앗아 그것을 백성에게 주었으니 천하와 이익을 함께 하신 것입니다. 그러나 항우는 그렇지 않 았습니다. 공이 있는 자를 해치고, 현명한 자를 의심했습니다. 이것이 그 가 천하를 잃은 까닭입니다."

그러자 유방이 다음과 같이 말한다.

"공은 하나만 알고 둘은 모르는구나. 나는 전장에서 전략을 운용하여 승리를 거두는 일이라면 나는 장량보다 못하다. 나라를 안정시키고 백 성을 돌보면서 군수물자를 적절히 공급하여 보급로를 끊어지게 하는 일 이라면 나는 소하보다 못하다. 백만의 군대를 이끌고서 싸웠다 하면 반 드시 이기는 일이라면 나는 한신보다 못하다. 이 세 사람은 뛰어난 영걸 이었다. 나는 이들을 쓸 수 있었기 때문에 천하를 차지할 수 있었던 것이 다. 항우는 범증이라는 인재가 있었지만 그를 이용하지 못했다. 이것이 그가 나에게 잡힌 까닭이다."

항우는 명문가로서의 자긍심과 자신의 용력에 자부심을 느껴 재주 있 는 사람을 쓰는 데 인색했다. 자신이 좋아하는 재능을 가진 사람만을 받아들였다. 범증이 수차례 유방을 제거하라고 계책을 올렸으나 그를 의심하고 내쫓는다. 일을 아는 것은 신하의 도리지만 사람을 아는 것은 군주의 도리다.

『삼국지』에서 지혜와 학식(學識)이 신(神)의 영역에까지 이르렀던 제갈량도 이러한 실책을 저지른 적이 있다. 믿었던 부하가 오만함에 빠지는 바람에 사람도 잃고 전쟁의 형세를 잃은 것이다. 228년, 제갈량은 조조의 위나라를 북벌하기 위해 친히 병사를 이끌고 기산(祁山)으로 향하면서 자신이 신임하는 마속에게 맡겼다. 마속은 자신이 병서에 밝음을 지나치게 자신한 나머지, 부장 왕평의 간곡한 만류에도 불구하고 제갈량의 명령을 어겨 성을 버리고 산으로 향했다. 그 결과 장합에게 포위되어 수원을 차단당해 싸우기도 전에 큰 어려움에 직면하게 되었다. 뿐만 아니라 이때를 놓치지 않고 공격한 장합에게 촉나라 군사는 대패하였다. 결국 마속은 도주하고 촉나라는 가정(街亭)을 잃었다. 이 패전으로 제갈량은 북벌을 위한 공격 거점과 유리한 형세를 잃고 한중으로 철군할 수밖에 없었다.

제갈량이 마속을 잘못 등용한 일화의 핵심은 사람이란 여건과 환경에 따라서 장단점이 뒤바뀔 수 있다는 점이다. 제갈량은 이를 미처 생각하지 못했다. 마속은 참모에서 장수로 승진한 뒤에 병서에 능통하다는 이유로 실전 경험이 많은 왕평을 무시했다. 이론만을 앞세워 제갈량의 군사배치를 독단적으로 바꾸었다. 즉 권력이 생기자 오만과 편견에 치우쳐 독단적인 행동을 하다가 나라와 자신을 망치는 잘못을 저지르고 만 것이다.

운을 경영하는 데 있어서 사람을 잘 경영하는 것은 일의 성패를 좌우한다.

3대 음악 천재들

요한 볼프강 아마데우스
모차르트

모차르트는 1756년 양력 1월 27
일, 오스트리아 잘츠부르크에서 태
어나서 1791년 양력 12월 5일, 빈에
서 사망했다. 요제프 하이든과 더
불어 18세기 빈 고전주의 악파의
대표적인 인물이며, 오페라, 실내
악, 교향곡, 피아노 협주곡 등 여러 양식에 걸쳐 방대한 작품을 남겼다.

35살의 삶에서 협주곡, 교향곡, 오페라 할 것 없이 무려 600여 곡이라
는 작곡했으니 그를 전무후무한 '음악의 천재'라고 하는 것은 당연하다고
할 수 있다.

그의 사주를 풀어보면 자유로운 영혼을 상징하는 을목(乙木)이라는 천

간(天干) 일(日)에 태어났다. 학구적이면서 몰입성이 강한 을목은 태양을 만나야 꽃을 피운다. 그는 추운 겨울에 태어나 조후(調候)로 볼 때 용신(用神)이 남방(南方)화(火)가 되는데 태어나자마자 들어오는 대운(大運)의 흐름이 천간의 기운 화기(火氣)로 흘러간다. 안타까운 것은 지지(地支)로 흘러가는 대운이 천간과는 정반대인 수기(水氣)로 흘러간다는 것이다. 천간을 정신으로 보고 지지를 몸으로도 본다. 만약 그가 초년에 위아래로 화기나 목기(木氣)로 흘러갔다면 단명(短命)도 하지 않고 역사에 더 많은 위대한 작품을 남겼을 것이다.

타고난 천기(天氣)를 보고 한 사람의 삶을 객관적으로 볼 때마다 느끼는 것은 태어났을 때 자연의 모습과 인생(人生)이 비슷하게 흘러간다는 것이다. 대자연의 흐름속에서 우리 인생을 보노라면 자연스럽게 탄복이 나온다. 눈보라가 치는 겨울에 태어난 꽃나무가 태양이 비치는 시절 동안 강렬하고 아름답게 음악의 꽃을 만발하게 피웠던 인생이 모차르트다.

루트비히 판 베토벤

악성(樂聖) 베토벤 그는 아마도 시대를 통틀어 가장 유명한 음악가일 것이다. 1770년 양력 12월 17일에 태어나서 1827년 양력 3월 26일에 사망한 이래로, 그는 서양 음악 역사에서 가장 중요한 인물로 숭배되었다. 후

대 작곡가들 대부분이 그가 성취한 것에 압도당할 만큼 후대에 남긴 그의 영향력은 거대했다.

모차르트가 겨울 속에 핀 아름다운 꽃이라면 베토벤은 겨울 들판에 우뚝 선 소나무 같은 형상이다. 그는 1802년 그의 나이 32세부터 청력을 잃어가고 있음을 처음 발견한다. 대운(大運) 상으로는 신묘(辛卯)의 흐름이었는데 묘(卯)의 동방(東方)목(木)은 상관(傷官)의 기운으로 창의성과 예술성의 대표적인 자리다. 슬프게도 청력을 잃어가는 그때에 그의 사주에서 약하게 있었던 상관의 기운이 같이 들어온 것이다. 하늘이 베토벤에게는 청천벽력(靑天霹靂) 같은 귀를 멀게 하고 또한 예술가에게는 가장 중요한 번뜩이는 창의성을 살려주는 기운을 같이 준 것이다.

베토벤은 청력을 잃어가는 1802년부터 1812년까지 10년 동안 놀라울 정도로 많은 작품을 만들어냈다. 1817년 청력을 완전히 잃은 후 1827년 사망하기까지 '마지막 피아노 소나타들', '9번 교향곡', '마지막 현악 4중주들'을 발표했다. 역학자로서 놀라운 것은 그의 나이 47세부터 56세까지가 천간으로는 계(癸)수가 자신의 월간(月干)의 무토(戊土)와 합(合)을 하면서 화기(火氣)가 발생한다. 천간(天干)의 합(合)의 운(運)일 때 종교인들은 깨달음을 얻고 학자들은 발명을 하거나 학문적 성취를 이루고 음악인들은 위대한 창작을 할 수 있는 기운으로 들어간다. 그리고 지지(地支)는 사화(巳火)로서 자신의 몸을 손상시키는 형살(刑殺)의 기운이다. 겨울에 소나무가 하늘과 땅의 기운에서 따뜻한 기운을 받아 마지막 생기(生氣)가 발생이 되며 위대한 작품들을 만든 것이다. 위대한 예술가들은 겨울에 태어난 사람이 많다. 만물이 잠이 들고 휴식에 접어들고 죽음과 노년을 상징하는 겨울에 태어난 후 세상에 생명과 새 생명을 탄생시키는 따뜻한 봄의 기운이 들어올 때 세상이 감탄하는 작품들이 태어난다. 자연은 위대하고 우리는 자연과 같이 살고 있다.

프란츠 슈베르트

슈베르트는 1797년 1월 31일에 태어나 1828년 11월 19일에 사망한 음악의 최고봉 중 한 사람이다. 관현악곡, 교회음악, 실내악, 피아노곡 등 명작이 많은데 특히 리트(독일 가곡)에 뛰어난 작품이 많으며,

19세기 독일 리트 형식의 창시자이다. 가난과 타고난 병약함 등의 어려움에도 불구하고 600여 편의 가곡, 13편의 교향곡, 소나타, 오페라 등을 작곡 했으며, 가곡의 왕이라고 불린다.

  역학적으로 놀라운 것은 그도 모차르트나 베토벤처럼 겨울에 태어났고 그의 사주에 년간(年干)의 창의성을 대표하는 상관(傷官)의 병화(丙火)가 월간(月干)의 신금(辛金)과 천간(天干)의 합(合)이 되어 인성(印星)을 만들어 준다. 모차르트와 베토벤이 대운(大運)에서 상관이 들어왔다면 슈베르트는 사주에 이미 타고 태어난 것이다. 사주만 놓고 보면 모차르트와 베토벤보다 구성이 좋지만 대운의 흐름은 더 약하다. 정말 안타까운 것은 31세 때 병사(病死)만 하지 않았다면 그 뒤로 펼쳐지는 30년간의 따뜻한 화기(火氣)가 기다리고 있었다는 것이다. 상관과 식신이라는 음악인에게 가장 필요한 기운이 기다리고 있었는데 안타깝게 요절하고 말았다.

HAPPINESS·WEALTH·SUCCESS

부와 성공을 끌어당기는
8가지 운의 기술

1

일운명(一運命),
타고난 운과 명을 알아야 운명을 바꿀 수 있다

타고난 천기(天氣)는 운명을 끌어당긴다

기(氣)라는 개념을 이해하지 못하면 동양학에서 말하는 모든 개념을 이해하기 힘들다.

한의학에서는 기의 통로를 경락(經絡)이라는 개념으로 기정사실화했다. 기가 막히지 않도록 침이나 뜸, 보약으로 병을 다스리는 것이 핵심이다. 풍수에서는 땅의 기가 지나가는 통로를 지맥(地脈)이라 하여 이 지맥을 보고 기가 발현되는 혈(穴)자리를 찾기 위한 이론이 체계화되어 있다.

또한 동양의 정통 종교에서도 기를 중요시한다. 도교에서는 도인(導引), 불교에서는 좌선(坐禪), 유교에서는 정좌(靜坐) 등의 수행을 통해 정신의 기를 집중시켜 깨달음을 얻고자 했다. 명리학에서는 타고난 음양오행의 기를 중화시켜주는 용신(用神:사주의 균형을 잡아주는 핵심오행)이라는 것을 찾아서 운명의 해석을 시작한다. 기를 쉽게 말하면 생명에너지 우주에너지라고 표현해도 된다.

이러한 기를 정리하자면 천기(天氣), 지기(地氣), 인기(人氣)가 된다. 동양학에서 말하는 운명 또한 이 세 가지가 합해져서 발현되는 것을 말한다.

천기(天氣)는 하늘의 기운으로 대기 중에 공기 산소(나무), 탄소(불) 질소(흙), 탄산나트륨(금속) 수소(물) 등을 말한다. 단전호흡, 아침 산책, 운동 등도 인체의 오장육부의 기능을 살리기 위한 기초적 생체에너지인 천기로 분류가 된다. 사주는 하늘의 별자리와 12절기 4계절에 의해서 형성된 자연의 기운이므로 천기에 속한다.

지기(地氣)는 땅의 기운으로 지각의 기운과 땅에서 성장하고 살아나는 온갖 동식물의 기를 말한다. 약초, 야채, 식품과 각종 음식물 등이 지기에 속한다. 풍수학은 지기의 맥(脈)을 통해 땅의 기운을 알기위해 만들어진 학문이기에 지기에 속한다.

인기(人氣)는 서로 간에 관계로 인해서 기와 기가 합해지고 부대끼며 충돌하며 영향을 주는 것을 말한다. 천기와 지기로 탄생한 인간이, 부부라는 관계와 사회적인 관계로 인해서 만들어지는 감정과 이성의 실제적인 생체에너지가 삶의 여러 가지를 좌우한다.

역학에서 말하는 운명학의 개념은 대우주(大宇宙)의 기가 천(天), 지(地), 인(人)의 기로 승화된 소우주(小宇宙)이다. 단순하게 타고난 팔자에 의해서 운명이 결정되고 조상의 묏자리로 부귀영화가 정해지고 부모를 잘 만난다고 해서 귀한 운명(運命)으로 살지는 않는다.

이러한 천지인의 기운이 운명을 만든다는 개념을 잘 이해한다면 사이비 역술가나 혹세무민하는 무속인들이 말하는 굿이나 부적 등은 얼마나 허무맹랑한 단순한 논리인지 알 수 있을 것이다.

타고난 천기(天氣)인 운(運)과 명(命)을 먼저 알아야 하는 이유는 천기에 따라서 지기(地氣)와 인기(人氣)가 끌어당겨지기 때문이다.

천기(天氣)인 운명(運命)에 대해서 더 자세히 알아보자.

운(運)이라는 한자는 '옮기다'라는 기본적인 뜻 이외에 '나르다, 운반하다, 운용하다, 궁리하다.'라는 비슷한 의미를 가지고 있다. 명(命)이라는 글자는 목숨이라는 기본적인 뜻 이외에 '생명, 규정, 하늘의 뜻, 명령하다.'라는 뜻이 있다. 하늘에서 타고난 명이 여러 가지 형태로 변화되고 움직이는 것이 운명(運命)이다. 그래서 명(命)을 제대로만 알면 스스로가 궁리해서 운(運)을 운용할 수 있는 것이 운명이다.

사람들이 운명(運命)과 숙명(宿命)을 많이 착각한다. 숙명의 숙(宿)은 '머무르다, 묵다.'라는 기본 뜻이 있다. 여기에 명(命)자가 붙으면 타고난 명이 절대적으로 변화되지 않는다는 의미가 된다.

타고난 사주팔자 이야기를 하면 대부분의 사람들이 이렇게 말한다.

"변하지 않고 고정되어 있다는 것이 운명이라면 봐서 뭣 하겠느냐, 어차피 운명대로 살 텐데."

단어를 조금만 눈여겨 살펴본다면 운명과 숙명이 엄연히 다른데 말이다. 운명을 이야기하면서 숙명을 거론한다. 타고난 대로 살고 변화되지 않는 것이 인생이고 운명이라면 역학(易學)이나 운명학(運命學)은 존재하지 않았을 것이다.

타고난 운명을 알게 되면 천기(天氣)의 허실(虛實)을 파악할 수 있다. 천기의 허실이란 음양오행의 균형과 불균형을 말하는 것이다. 타고난 음양오행만 제대로 파악하면 나머지는 지기와 인기로 채우면 된다.

도화지 한 장에 담을 수 있는 우주(宇宙)

언젠가 우연한 자리에서 기독교 신앙을 가진 한 예술인이 이런 질문을 했다.

"어떻게 태어난 연, 월, 일, 시를 가지고 한 사람의 인생을 논할 수 있는가?"

운의 기술

그 질문 속에 답이 있다. 그래서 필자는 반문을 했다.

"어떻게 도화지 한 장에 담긴 그림 한 장을 보고 그 작가의 성격이나 가치관을 알 수 있죠? 어떻게 화선지 한 장에 쓰여진 붓글씨를 보고 그 작가의 경력, 필력 등을 이해할 수 있죠? 한 장의 그림이나 글씨를 보고 어떤 사람들은 단순히 작가의 실력을 보는 것뿐만 아니라 자연을 보고 세계를 보며 넓게는 우주를 봅니다. 작가님은 작품을 그렇게 볼 수 없나요?"

단순한 진리 속에 세상의 모든 현상, 무한한 우주와 가치관과 세계관을 담을 수 있다. 무한한 우주와 세계의 복잡성 속에는 단순한 패턴과 진리가 숨겨져 있기 때문이다. 이러한 원리를 수학과 과학계에서는 프랙탈(fractal)이라고 표현하기도 한다.

이 반복적인 패턴의 원리를 발견한 과학과 의학 덕분에 인류는 무한한 성장을 이루었다. 역학의 핵심 원리인 음양오행에도 이러한 우주와 자연의 변하지 않는 패턴과 진리가 숨겨져 있다. 이 음양오행은 역학의 다양한 학문을 발전시켰다.

사주팔자, 즉 명리학이 역학의 모든 것이라고 생각하는 사람들이 많다. 그래서 위와 같이 '태어난 연월일시가 똑같으면 운명이 같게 되나요?'라는 질문을 종종 받는다. 이것은 지식의 부재, 잘못된 인식, 진실이 아닌 구설로 인한 잘못된 정보이다. 한의학에서는 수많은 사람들을 단순하게 네 가지 체질로만 구분한다. 그렇다면 병이 걸리면 똑같이 네 가지 처방약으로만 병을 다스릴까? 같은 체질이라도 그 사람의 나이, 성별, 증상에 따라서 처방은 수만 가지로 달라질 수 있다.

사주 또한 마찬가지다. 그 사람이 태어난 연월일시에 따른 음양오행은 자연과 우주의 기본적인 기운이다. 이 기운에 조상의 유전적 특성, 환경에 따른 풍수적인 기운, 부모나 형제와 같은 가족의 기운, 배우자나 자녀의 기운, 부르는 이름에 따른 성명학적인 기운, 평상시에 주로 먹는 음식의 기운 등이 섞이면 같은 사주라도 전혀 다른 인생을 살게 된다. 그래서 실전에 임하지 않고 역학의 전반적인 기운의 법칙을 모르는 사람들이 동양학을 접하면 역학은 비과학적인 신비학문으로 취급받게 된다.

타고난 운명은 같지만 각자에게 주어진 지기와 인기가 다르기 때문에 인생이 달라지는 것이다. 태어났을 때 우선 부모 인기(人氣)의 격(格)이 다르다. 나한테 부족한 것을 부모가 가지고 있으면 그것이 40대 초반까지 버팀목이 되어준다. 그리고 태어난 국가나 지역이 가진 땅의 기운이 달라서 운명에 차이가 난다.

이러함에도 운명학이 대략 70%의 확률로 그 사람의 성품이나 건강, 부귀빈천을 적중시키는 이유가 있다. 대부분의 사람들이 타고난 천기가 지기와 인기를 끌어당기기 때문이다. 부모 운이 약한데 부자 부모 밑에서 태어나기가 쉽지 않다. 명예와 관록이 부족한데 대통령이나 국회의원이 나오는 묏자리를 가진 조상의 후손으로 태어나기 어렵다. 그래서 이러한 논리를 잘못 이해하면 운명학은 숙명(宿命)학이 되어버린다.

역(易)이라는 문자는 '바뀐다.'라는 큰 뜻을 가지고 있다. 만물은 끊임없이 창조되고 변화한다. 창조 그 자체가 이미 하나의 큰 변화이다. 하지만 끊임없이 변화하고 창조되는 자연의 흐름 속에 일정한 순환이 있다. 만물은 끊임없이 변화하지만 그 속에 변함 없는 순환의 법칙이 있다.

세상에 태어난 모든 사람들은 다른 운명을 가진다. 하지만 어떤 사람도 생로병사의 자연의 순환 법칙을 벗어나지 못한다. 이 변하지만 변화되지 않는 자연의 법칙을 알게 된다면 운명이 맞는지 숙명이 맞는지 논쟁할 필요가 없다. 둘 다 맞는 말이기도 하고 틀린 말도 되기 때문이다. 하지만 숙명대로 살지 않으려면 반드시 먼저 운명을 알아야 한다. 운명을 알게 된 순간, 운명대로 살게 되지 않게 되기 때문이다.

빌 게이츠

빌 게이츠는 1955년 10월 28일에 태어났다. 그는 세계 제1위의 부자다. 그의 사주는 특수격으로 보는 사주로 천간(天干)에서 금수(金水) 운(運)을 반기고 지지(地支)로는 목화(木火)를 반기는 사주다. 그는 사주 용어로 화기(火氣)가 모두 암장(暗藏)되어 있고 천간에는 병화(丙火) 태양의 기운이 떠 있다.

드러난 돈과 숨겨진 돈이 조화(造化)를 이루어 돈이 많이 나가도 결코 없어지지 않는 땅속의 화 기운이 그를 세상에서 첫 번째 돈의 제왕으로 만들었다. 그의 사주만으로는 세계 제1의 부자가 되기는 부족하다. 그의 부인 '멜린다 게이츠' 사주를 보면 답이 나온다. 그의 부인 사주가 빌 게이츠 입장에서 볼 때 병화 태양의 자리다. 그리고 멜린다 역시 월지와 일지에 모두 편재로써 큰 재물을 가졌다. 멜린다도 부족한 태양의 기운을 빌 게이츠가 정확히 받쳐준다.

빌 게이츠의 천기(天氣)의 대운도 길운(吉運)의 연속이다. 1974년 베이직(basic)을 개발하고 1975년에 마이크로소프트사를 설립하는데 21세 대운부터 금(金)의 기운이 들어오고 1974년부터 6년에서 7년 정도 모두 목화(木火) 기운으로 재능이 재물을 불러주는 운이 들어온다. 그리고 그의 대운의 흐름은 26세부터 30년간 남방(南方)화(火)의 기운이고 56세부터 30년간 동방(東方)목(木)의 기운이다. 천기의 흐름이 너무나도 좋게 흐른다.

그가 개발한 컴퓨터 프로그램은 화기(火氣)에 들어간다. 빌 게이츠는 결정적일 때 들어온 대운(大運)과 소운(小運)의 흐름을 잘 받았고 인생에서 결정적인 작용을 하는 인기(人氣)인 부인 멜린다 게이츠를 선택했다. 그는 살성(殺星)이 매우 강하다. 만약 기부를 하지 않았다면 사고사나 몸이 손상됐을 것이다. 동양에서는 빌 게이츠 같은 사주가 기부나 덕을 베풀지 않으면 큰 병이나 사고 심지어는 단명으로도 본다. 이런 동양학의 이치를 몰라도 적덕(積德)법(法)의 원리를 적용하고 있는 빌 게이츠는 분명 하늘이 내린 갑부(甲富) 중에 갑부(甲富)라고 할 수 있는 행운아다.

이음식(二飮食), 음식은 생명이자 운명이다

> 먹는 것은 심성과 목숨의 본성(本性)이 되고,
> 우리의 성품과 목숨이 이어져서 존속이 된다.
> ─『相理衡眞(상리형진)』

들어가는 것이 양(陽)이라면 나오는 것이 음(陰)이다

동양의학자들은 식약동원(食藥同源)이라 하여 약과 먹거리를 같은 것으로 간주한다. "기후미박자약(氣厚味薄者藥)이요, 미후기박자식(味厚氣薄者食)"이라는 말도 있다. 이는 맛보다 기운을 중시하면 약이요, 기운보다 맛을 중시하면 식품이라는 뜻이다. 기운의 성쇠에 따른 특성으로 약과 음식을 구분하고 있다. 자연의학적 관점에서 보면 우리가 평상시에 먹는 음식이 아플 때 먹는 약과 다르지 않다. 먹는 것이 곧 약이 될 수도, 독이 될 수도 있다.

그만큼 음식은 중요하다. 현대의학자, 한의학자, 대체의학자 모두 우리 몸에 나타나는 병의 대부분은 평상시 먹는 것에서 나온다고 말한다.

이렇게 먹는 것이 중요하다면 과연 어떻게 먹는 것이 건강에 가장 이로울까? 동양학자의 입장에서 보는 건강법은 음양오행(陰陽五行)에 근본을 둔다.

첫 번째, 일단 원인과 결과의 법칙이 음양(陰陽)이다. 실체가 양이라면 그림자가 음이고 음식이 양이라면 몸에서 일어나는 생물학적 반응이 음이다. 들어가는 것이 양이라면 나오는 것이 음이다. 먹는 그대로 몸에서 반응이 나타난다. 그래서 살아있는 것을 먹어야 몸이 살아난다. 결국, 건강하고 싶으면 야채와 채소, 과일, 발효식품처럼 '살아있고 건강한 음식'을 먹어야 된다. 너무나 당연한 논리다.

두 번째, 타고난 음양오행(陰陽五行)에 맞는 음식을 먹어야 된다.
① 타고난 체질에서 음(陰)이 아주 강한 체질은 수기(水氣)가 강한 것으로 보고 보완하는 토(土)와 목(木)의 음식을 먹어야 한다.
② 양(陽)이 아주 강한 체질은 화기(火氣)가 강한 것으로 보고 수(水)와 토(土)의 음식을 먹어야 한다.
③ 음과 양의 기운이 비슷한 체질은 토기(土氣)가 강한 것으로 보고 금(金)과 목(木)의 음식을 먹어야 한다.
④ 음의 기운이 양의 기운보다 많으면 금기(金氣)가 강한 것으로 보고 수(水)나 토(土)의 음식을 먹어야 한다.

⑤ 양의 기운이 음의 기운보다 많으면 목기(木氣)가 강한 것으로 보고 화(火)나 금(金)의 음식을 먹으면 역학으로 보는 좋은 음식이 된다.

그렇다면 오행에 속하는 음식을 어떻게 구분할까?

목(木)에 해당되는 음식은 주로 녹색을 띤다. 간(肝), 담(膽), 근육에 연결된다. 싱싱한 샐러드나 녹즙 등 녹색 식품은 간 기능을 도와주며 신진대사를 원활히 한다. 푸른 잎의 엽록소인 클로로필은 조혈 작용을 도와 빈혈 예방에도 좋다. 올리브유의 녹색은 동맥경화를 일으키는 몸에 나쁜 콜레스테롤을 낮춘다. 시금치는 각종 비타민과 영양소가 서로 상승 효과를 내는 대표적인 녹색 식품이다. 그 밖에 쑥갓, 케일, 시래기 등이 권할 만하다.

화(火)에 해당되는 음식은 주로 붉은색을 띤다. 인체의 심장, 소장, 혀 등과 연결돼 있는 기운이다. 토마토에 들어있는 라이코펜은 고혈압과 동맥경화 예방 성분이 있어 심장을 건강하게 한다. 사과의 캠페롤, 포도의 폴리페놀, 붉은 고추의 캡사이신 등은 항암 효과가 있다. 그 밖에 건강에 좋은 적색 식품으로는 딸기, 감, 자몽, 대추, 구기자, 오미자 등이 있다.

토(土)에 속한 음식은 주로 노란색을 띤다. 비(脾), 위(胃), 입 등에 연결된다. 황색 음식은 소화력 증진에 좋다. 단호박은 죽이나 찜으로 먹으면 위장 기능을 높인다. 황적색 색소에 많은 카로티노이드 성분은 면역력을 증진시키고, 혈당 강하, 노화 방지 효과도 있다. 감귤, 오렌지, 망고 등은 비타민C의 보고이다. 카레에는 항암 효과가 있다. 그밖에 당근, 파인애플, 감 등이 권장된다.

금(金)에 해당되는 음식은 주로 하얀색을 띤다. 폐, 대장, 코에 연결된다. 폐나 기관지가 약한 사람에게 도움이 된다. 백색 채소와 감자 등은 항알레르기, 항염증 기능이 탁월하다. 양파의 케르세틴은 고혈압을 예방하며, 양배추의 설포라페인 등은 항암 효능이 있는 것으로 밝혀져 있다. 도라지의 사포닌은 기침에 좋다. 그 밖에 백색 식품으로 마늘, 무, 배, 연근, 고구마 등이 있다.

수(水)에 해당되는 음식은 주로 검정색을 띤다. 속하며 신장, 방광, 귀, 뼈 등과 연결된다. 예로부터 검은콩과 검은깨(흑임자)를 회복기 환자에게 먹였다. 조혈, 발육, 생식 등을 관장하는 신장 기능을 강화하는 효과가 있다고 봤다. 검은 색소인 안토시안은 검은콩, 흑미, 깨 등에 풍부하며, 노화의 원인인 활성산소를 중화시키는 항산화 효과가 있다. 그 밖에 목이버섯, 김, 오골계, 흑염소 등이 있으며, 서양에서는 블루베리가 대표적이다.

오행의 음식을 잘 이해하면 평상시에 보약을 먹지 않더라도 건강도 예방하고 병도 치유할 수 있게 된다. 그래서 동양의학자들은 병을 살필 때 평상시에 어떤 음식을 먹는지 어떤 음식을 유독 즐기는지 물어본다. 그곳에 병의 비밀이 숨어 있기 때문이다. 상(相)을 보는 학자들도 차 한잔을 대접하고 그것을 급하게 먹는지 차분하게 먹는지를 잘 살핀다. 차 한 잔을 먹는 것으로도 타고난 성품을 유추할 수 있기 때문이다.

먹는 것으로 관상(觀相)을 본다

일본 에도 시대의 유명한 관상가 미즈노 남보쿠는 일본 관상학의 성인으로 추앙받는 사람이다. 30세를 갓 넘길 무렵에는 문하생이 1천 명을 넘을 정도가 되었고 당시 에도에 그의 이름을 모르는 사람이 없을 정도로 관상가로서 명성을 떨쳤다. 그는 단순히 얼굴만 보고 상(相)을 보는 것이 아니라 태도와 특히 먹는 것을 관찰하는 것으로 유명했다.

실제로 그는 실전 상담을 할 때 일부러 문(門)을 먼 곳에 두고 걸음걸이부터 자세히 보았다. 상담을 하기 전에는 차를 대접하고 간단한 간식을 주면서 먹는 모양을 보았으며 그의 숨소리까지 살핀 후 상(相)을 봐주었다. 평상시의 습관과 심성을 걸음걸이와 먹는 자세, 호흡에서 추론을 한 것이다.

미즈노 남보쿠는 자신의 관상으로는 30세를 못 넘기고 죽을 것이라는

운의 기술

걸 알고 극단적인 소식(小食)과 호흡과 명상을 수행을 통해서 80세까지 장수를 했다. 그가 남북상법(南北相法)에서 했던 말에는 역학(易學)의 처음과 끝이 들어 있다.

"태어나면서부터 나쁜 관상을 가지는 것이 아니라 스스로 만들어내는 것이다. 다시 말해, 부모에게 물려받은 마음과 신체를 자신이 수고롭게 하여 나쁘게 만드는 것이다. 따라서 사람들 각각의 상(相)은 타고나는 것이 아니다. 자아(自我)를 극복하면 상(相)은 존재하지 않는다."

자신도 모르게 만들어진 습관과 심성을 통해서 만들어진 자아(自我)를 고칠 수 있는 가장 확실한 방법은 먹는 것 즉, 음식의 조절에 있다고 미즈노 남보쿠는 말했다.

그의 말에 진리가 담겨져 있다. 운(運)을 조절하고 자신의 명(命)을 바꾸고 싶은 자는 평상시에 먹는 음식을 어떻게 먹는지를 잘 관찰하라. 그리고 먹는 것을 조절하라. 그러면 어느새 운명(運命)은 바뀌어 있을 것이다.

무아마르 카다피

40여 년간 리비아를 철권(鐵拳) 통치했던 카다피는 양력 1942년 6월 7일에 태어났다. 이 생일을 풀어보니 신금(辛金)일주에 관살혼잡(官殺混雜)된 사주였다. 신금이란 날카로운 칼로 비유되는 음금(陰金)으로써 냉혹, 강함, 날카로움으로 비유되는 천간이다. 이 기운에서 자신을 반대하는 세력들을 무자비하게 숙청하고 처형한 독한 성품이 나왔고 연주(年柱)에 있는 상관(傷官)의 성분은 개혁과 하극상의 의미가 숨겨져 있다.

이 상관의 성분이 26세에 쿠데타로 왕을 몰아내고 국가 통치자가 될 수 있었던 원동력이 된 것 같다. 그의 사주를 보고 놀란 것은 그가 그렇게도 집착했던 권력욕이 월지(月支)와 년지(年支)에서 그대로 드러났다. 그곳 모두가 권력과 명예를 상징하는 관성(官星)의 성분이었다. 특히 일간(日干)과 관(官)의 성분과 합(合)이 되어서 자신의 본성까지도 변화시키는 모습이 보였다. 쉽게 말하면 죽음이 목전에 왔어도 목숨을 놓는 것보다 권력욕을 손에서 못 놓는 어리석음이 사주에 그대로 쓰여 있다.

사주학에서는 3개월, 3년, 30년의 운의 주기가 있다. 일반 사람은 보통 3년의 운이 연속적으로 들어오는 것도 힘든데 카다피는 무려 40년 가까이 무소불위의 권력을 쥐었다.

시민혁명 초기에 충분히 국민과 타협을 할 수 있는 기회가 있었고 수개월 전에는 외국으로 망명할 수 있는 기회까지 저버리고 그는 타고난 성품대로 끝까지 권력의 권좌를 지키려다 결국 허망하고 비참한 최후를 맞이했다.

3

삼풍수(三風水), 사는 곳을 보면 미래가 보인다

龍(용), 穴(혈), 砂(사), 水(수), 向(향) 이 穴(혈)이 땅의 기운(氣運)을 좌우한다.
— 『地理五訣(지리오결)』

대궐 같은 집의 악풍수(惡風水)

동양권에서 풍수(風水)는 아주 오랜 세월부터 자연과의 조화 속에서 쌓인 생활과 지혜의 산물이다. 명당(明堂)이란 밝은 기운이 모이는 곳, 생기(生氣)가 흐르는 곳, 혈(穴)처가 되는 곳이다. 실제로 이러한 명당을 찾기 위해, 간룡법, 장풍법, 득수법, 정혈법, 좌향론, 형국론 등의 다양한 풍수의 핵심 이론이 창조되고 개발되어 오늘날의 풍수지리학이 탄생했다.

예전에는 조상숭배 사상과 내천사상에 의해 음택(陰宅), 즉 묘지의 명당을 찾는 것이 중요했다. 그러나 화장을 많이 하고 주거 문화가 중심이 되는 오늘날에는 양택(陽宅), 즉 집이나 사무실의 기운을 활성화시키는 것이 대세로 자리 잡았다.

204   운의 기술

존재하지만 보이지 않는 생명에너지인 기(氣)를 생활에 접목시켜 건강과 행운의 영역까지 넓힌 실용학으로 발전되어왔다. 미국이나 유럽에서도 1990년대부터 풍수인테리어가 유행하고 있다. 집이나 빌딩, 사무실, 가구 등의 방향과 배치 등에 풍수 이론을 접목시키는 것이 일반화된 지 오래다. 경찰서에 풍수를 이용한 작은 분수가 등장하는가 하면, 상업용 빌딩의 설계에도 풍수 이론 적용이 확산되고 있다. 서양에서는 풍수인테리어라고 해서 이미 풍수를 과학으로 인정하는 시대인데 아직도 우리나라에서는 풍수를 미신과 신비학문으로 여기고 있다.

한의학에서는 기가 경락을 타고 흘러 인체라는 시스템을 구성한다고 본다. 이렇듯 풍수는 주변 환경이라는 시스템의 모든 것에 기가 흐른다고 본다. 마치 우리 몸속의 혈액과도 같이 막힌 기운을 뚫어주고 나쁜 기운은 몰아내고 좋은 기운은 불러들여서 실생활에 기운을 접목시킨 것이다. 우리 인체에서 막힌 혈액과 기운이 병을 유발하는 것처럼 환경에서도 기운이 막히고 상충되면 탁기(濁氣)와 생기(生氣)가 멈추게 된다.

그렇다면 우리가 생활 속에서 풍수를 활용하는 가장 간단한 방법은 무엇일까? 풍수를 연구하는 전문가들도 풍수의 학파와 깊이가 여러 가지이기 때문에 풍수라는 학문을 종합적으로 마스터하기에는 상당한 시간과 공력이 들어간다. 그래서 풍수를 생활 속에서 제대로 적용하기 위해서는 전문가에게 의뢰하는 것이 좋다. 누구나 생활 속에서 적용할 수 있는 간단한 방법은 항상 온화한 기운을 유지하고 맑고 깨끗한 기운을 유지하는 것이다.

필자는 음택 풍수보다는 양택 풍수 상담을 많이 한다. 양택을 감정해보니 음택 이상으로 실제 삶에 많은 영향을 주는 것을 알게 되었다.

전원주택을 지어서 이사한 후로 몸에 병도 오고 사업이 기울어졌다고 하소연하는 손님이 있었다. 그의 집을 방문해보았더니 먼 곳에서도 집이 보일 만큼 으리으리했다. 많은 돈을 들여서 집을 지어놨음을 알 수 있었다. 게다가 대한민국에 과연 이런 시설들을 가진 집이 또 있을까 할 정도로 대단한 시설을 갖추고 있었다. 지하에는 작은 영화관이 있고 1층과 2층에는 드레스룸, 미팅룸 등의 방이 6개나 있고 3층에는 스포츠 센터를 연상시킬 만큼 많은 운동기구가 있었다.

그런데 집의 생명을 관장하는 대문의 위치가 산과 물의 기운을 등지게끔 만들어져 있었고 집안의 침실의 위치, 화장실의 배치, 주방의 위치는 모두 타고난 기운과 상극으로 배치되어 있었다. 마당의 조경수도 나무의 위치, 연못의 위치가 모두 반대로 되어 있었다. 마치 풍수의 좋은 조건을 억지로 흩트려 놓은 것처럼 모든 것이 잘못 배치되어 있었다. 나는 우선 대문의 위치와 바깥의 조경수 위치 집안의 침실의 배치, 가구의 위치부터 바꾸라고 알려주었다.

운의 기술

그 다음날 그에게서 전화가 왔다.

"선생님이 알려주신 대로 그날 침실의 배치만 바꿔서 잤을 뿐인데 너무 잠을 잘 잤습니다. 빨리 풍수 교정을 해서 다시 재기해야겠습니다."

그는 기운의 흐름이 바뀌었음을 감지하고 있었다.

풍수는 교정만 잘 되면 현실의 기운의 변화가 매우 빠르게 나타난다. 이사를 해서 뭔가 안 풀리거나 몸도 안 좋아졌다면 지금 당장 햇빛과 조명을 조절해서 집안에 따뜻하고 온화한 기운을 끌어당겨라. 그리고 어질러지고 흐트러진 집안 곳곳을 청소하고 정리정돈을 해서 맑고 깨끗한 기운을 만들어보라. 이렇게만 해도 최소한 탁기는 어느 정도 해소할 수 있고 명당의 핵심적인 원리인 생기를 흐르게 할 수 있다.

항상 따뜻하고 맑고 청아한 기운만 잘 유지하라

돈은 잘 버는데 항상 돈이 나가고 특히 종업원들이 속을 썩인다는 젊은 사장이 있었다. 크게 나쁜 운은 아니었다. 가족들의 사주를 풀어봐도 특별히 나쁜 것이 없었기에 그의 집을 살펴보고 싶었다. 날짜를 잡은 후 그에게 말을 했다.

"내가 방문한다고 해서 절대로 집을 치우거나 하지 마십시오. 평상시 그대로 놔두십시오. 그래야 제가 풍수의 기운을 제대로 봅니다."

그의 집은 이사 가려고 준비 중인 집 같았다. 거실에 발 디딜 틈 없이 온갖 옷이 널려 있었고 책이며 아이들 장난감이며 모든 것이 쌓여 있었다. 특히 한쪽에는 쓰레기더미가 수북이 쌓여 있었다.

"조만간 이사를 가시려고 하시나요?"
"아니요, 우리 집은 항상 이렇게 해놓고 삽니다."
"왜요?"
"그냥, 우리 부부 둘이 서로 청소하는 것이나 정리정돈 하는 걸 싫어해서요. 좀 너무 어질러져 있지요? 하하."

필자도 같이 웃음이 나왔다. 나는 다른 것을 볼 필요도 없이 정색하고 단호하게 말했다.

"지금 당장 거실에 있는 모든 것을 정리하세요. 이것을 정리하지 않고는 운(運)이 개선되는 것을 바라지 말고요."

풍수에서 출입구가 코와 입에 해당된다면 거실은 배의 위치에 들어간다. 인체의 건강을 좌우하고 활력을 주는 음식물은 배 속에 있는 위와 내장 기관에서 소화를 시키고 영양분을 공급한다. 음식을 잘못 먹어 소화를 못 시키면 당장 배탈이 나고 아무 일도 하지 못한다. 이렇게 거실이 어질러져 있는데 밖에서 아무리 잘해도 집안의 기운이 모두 흐트러져 있어서 건강은 물론이고 재물의 기운도 흐트러지게 된다.

몇 달 후 그 젊은 사장은 얼굴표정이 밝은 상태로 다시 방문했다.

"거실을 청소하려고 하니 하루가 더 걸리더라고요. 대부분은 버리고 깨끗이 청소를 했습니다. 그런데 거짓말처럼 그 후 입찰이 잘되고 속을 썩이던 거래처도 정리되고 간만에 좋은 종업원도 들어오게 되었어요."

풍수의 기운은 지기(地氣)에 해당되어 운명에 직접적인 영향을 주게 되어 있다. 풍수를 잘 모르겠다면 다음의 말을 명심하라.

"항상 따뜻하고 맑고 청아한 기운만 잘 유지한다면 생기가 흐르는 명당의 기본적인 요소에 부합할 수가 있게 된다."

현재 자신의 운(運)이 막혔고 뭔가 잘 안 풀린다고 생각하는 사람은 자신의 주변 환경을 바라보라. 그곳에 모든 답이 있다.

4

사궁합(四宮合),
만나는 사람을 보면 운명이 보인다

比翼鳥 連理枝(비익조 연리지)
; 부부(夫婦) 화락의 상징. 비익조(比翼鳥)는 암수가
각각 눈 하나와 날개 하나만 있어서 짝을 지어야만 날 수 있다.
– 『後漢書(후한서)』

우리 아들이 단명(短命)할 팔자(八字)가 아니에요

운을 좋게 하기 위해 가짜 무속인들은 굿을 하라고 하고, 그릇된 법사들은 천도를 하라고 하며 사이비 교주들은 헌금을 많이 내라고 한다. 그들의 말처럼 단 한 번의 굿이나 천도도 부와 성공을 가질 수 있다면 몇 백, 몇 천의 돈이 문제이겠는가?

하지만 상식적으로 생각해보자. 그들이 굿이나 천도나 돈을 내게 하고 운이 좋아진다면 과연 그들은 잘 사는가? 그들은 운명을 바꾸었는가? 자신 스스로 굿을 열 번이고 백 번이고 한다면 이미 큰 부자가 되었어야 하지 않겠는가? 또한 풀어지지 않은 조상을 위해 천도를 열 번, 백 번이고 했다면 이미 그 법사나 무속인은 너무나 잘 풀려서 원하는 삶을 살고 있어야 하지 않겠는가?

210   운의 기술

아이러니하게도 그들은 어둡고 음(陰)적인 공간에 살고 생활도 넉넉지 못하며 자손들도 힘들게 산다. 현재의 모든 무속인과 법사님들을 싸잡아서 비난하는 것은 아니다. 자신의 운명도 고치지 못하면서 무조건 운이 좋게 하려면 굿이나 천도를 하게 만드는 사이비 사술(邪術)업자들을 두고 하는 말이다.

이들 사이비 사술업자들로 인해서 많은 사람들이 찾아와 무조건 운이 언제 들어오냐고만 물어본다. 운이라는 것은 계절과도 같기 때문에 좋은 운과 나쁜 운은 교차해서 계속 들어왔다가 나간다. 중요한 것은 타고난 그릇을 아는 것이다. 타고난 그릇을 알고 난 다음 부족한 것을 보완하지 않으면 운은 와봤자 받을 그릇이 없기 때문에 흘러가고 지나가 버린다.

쉬운 예로 사막에도 비가 내리고 사계절이 있다. 길게는 한 달간도 비가 오는 경우도 있다. 비가 한 달간 온다고 하여도 그 사막이 비옥한 땅으로 바뀌는가. 여전히 사막일 뿐이다. 하지만 두바이나 이스라엘을 보라. 사막에 나라를 세우고 수로를 넣고 나무를 심고 물을 끌어와 도시를 만들었다. 그곳에는 비가 내리면 담을 수 있고 쓸 수 있다. 인위적으로 부족한 것을 모두 채우니 자신보다 훨씬 비옥하게 태어난 도시나 나라보다 더 풍족하고 아름다운 환경으로 재탄생한 것이다.

이것이 타고난 명을 알아야 하는 핵심적인 이유다. 자신의 타고난 명(命) 즉, 천기(天氣)를 알고 부족한 것을 지기(地氣)나 인기(人氣)로 채워야 한다. 지기나 인기 모두 중요하지만 배우자나 동업자 등 항상 함께 있거나 자주 만나는 사람의 기운은 사람을 살릴 수도 있고 죽일 수도 있다.

어느 비가 내리는 오후, 노년의 아주머니가 찾아왔다. 그 아주머니는 들어오자마자 대뜸 잃어버린 아들에 대한 원통함을 토해냈다.

"왜 우리 아들이 단명했을까요? 나는 우리 아이 사주를 보았을 때 한 번도 단명이라는 말을 듣지 못했어요. 저는 지금도 원통해서 잠이 안 옵니다."

살펴보니 과연 꼭 단명(短命)하는 명(命)은 아니었다. 운명학에서 수명(壽命)에 대한 부분은 여러 가지가 얽히고 섞여 있어서 타고난 천기(天氣)로만 단정 지을 수 없다. 필자는 짚이는 바가 있어서 며느리 사주와 함께 손자들 사주를 같이 봐보자고 하였다.

죽은 아들은 음력 7월 한여름에 태어났고, 태어난 시간도 정오 오시(午時)였다. 사주에 수기(水氣)는 단 한 글자도 없었고 뿌리에도 보이지 않았다. 부인은 같은 여름에 아들보다 더 많은 화기(火氣)가 있었고 남편이 없는 과부 사주였다.

자, 여기까지만 보아도 충분히 느껴지지 않는가? 한여름에 물이 필요한 사주가 더 강한 불을 만난 것이다. 아들은 천간(天干)과 지지(地支) 모두 화기(火氣)가 강한 연도의 여름에 출장을 가서 사고로 죽었다. 그렇다고 며느리가 아들을 죽였다고 볼 수는 없다. 그가 죽은 해의 여름은 아들에게 대단히 안 좋은 운(運)이었기 때문이다. 안타까운 것은 그렇게 강한 화기가 들어왔을 때 옆에 있는 배우자에게 수기가 조금이라도 있었다면 악운(惡運)이었다고 해도 목숨은 보전하지 않았을까 하는 점이었다.

"어머님, 세상사 모든 생명체에는 삶과 죽음이 있습니다. 아드님이 죽은 해는 어쩔 수 없는 생멸(生滅)의 기운 법칙이 있었네요. 너무 아쉬워 마십시오. 손자들을 보니 모두 훌륭하게 자랄 겁니다."

형상에 따라서 사람을 잘 만나는 법

궁합은 이런 것이다. 내가 태어난 기운을 보완할 수도 있고 깨뜨릴 수도 있다. 궁합이 좋고 나쁜 것은 기운이 상생(相生)이 되느냐, 상극(相剋)이 되느냐의 법칙이다. 아무리 고집이 센 사람을 만나도 궁합이 좋으면 그 고집이 멋있어 보인다. 아무리 예쁜 사람을 봐도 궁합이 안 좋으면 그 얼굴이 보기 싫고 미워지게 된다.

그렇다면 우리는 과연 어떤 사람을 만나고 피해야 할까. 명리학으로 사주를 뽑아서 궁합을 보는 것은 많은 시간을 요한다. 그래서 눈으로 볼 수 있는 관상과 골상의 핵심을 알게 되면 내가 어떤 사람을 만나고 피해야 하는지 알 수 있다.

동양학은 음양오행의 형상으로 모든 것을 설명한다. 관상과 골상도 크게 다섯 가지 형태로 나타난다. 목형인(木形人), 화형인(火形人), 토형인(土形人), 금형인(金形人), 수형인(水形人)으로 나뉜다.

목형인은 마른 듯하지만 곧고 헌앙하다. 얼굴형은 갸름하게 생기고 눈꼬리가 위로 들려 있다. 위로 치켜 올라간 눈꼬리 때문에 약간 신경질적으로 보인다. 그리고 서양 사람처럼 몸체에 비해서 팔다리가 길고, 눈썹이 진하고 몸 전체에 털이 많은 편이다. 전체적으로 보아 날씬하고 항상 의욕적이고 나무같이 꺾어지더라도 굽히기를 싫어하며 성질은 예민하고 학구적이라 무엇을 하면 연구하고 몰입하는 성질이 있다. 이것이 지나치면 신경스트레스로 병이 온다. 집착을 하기 시작하면 무섭게 몰두할 수도 있다.

목형인은 토형인을 만나면 편안하고 재물의 횡재수가 따르며, 화형인을 만나면 불같은 사랑이 가능하고 재능이 나오며, 수형인을 만나면 건강해지고 금형인을 만나면 자신이 제련이 되고 명예의 기회가 온다. 같은 목형인을 만나면 큰일을 도모할 수 있다.

화형인은 불꽃이 타오르듯 얼굴색이 붉으스름하고 기는 활발하며 위는 뾰족하고 입술은 얇고 작으며 얼굴의 아래쪽인 하관이 좁고 뾰족한 스타일이 많다. 코는 활을 당기듯 구부등하며 귀는 귀 둘레보다 안에 있는 뼈가 나오고, 머리털은 곱슬이 많다. 눈은 아주 동그랗게 생겼으면서 눈동자에서 빛이 반짝반짝 난다. 가슴은 마치 새의 가슴처럼 흉골이 약간 앞쪽으로 불거져 있다. 화형인의 사람들은 거의 성질이 불같이 급하다. 무슨 일을 하든 꾸물대는 법이 없고 신속 정확하게 해치운다. 약속도 잘 지키고 거짓말을 싫어한다. 주로 감성과 정이 많아서 인간관계에서 상처를 많이 받는다.

화형인은 금형인을 만나면 편안하고 재물운이 좋아진다. 목형인을 만나면 많이 배우고 발전하며, 토형인을 만나면 재능이 발현된다. 수형인을 만나면 자신의 불같은 성질이 제어가 되고 더 큰 그릇으로 만들어준다. 같은 화형인을 만나면 일은 커지나 다툼이 자주 생기게 된다.

토형인은 살이 적당하지만 뼈가 강해 후중(厚重)해 보인다. 머리와 얼굴, 귀, 눈, 입, 코 모두가 후중한 인상을 준다. 허리와 등이 두툼하여 거북이 등과 같으며 피부색은 땅(土)의 색깔이다. 토(土)는 오행에서 중앙이라 토형인은 남한테 신뢰를 주며 원만한 성품을 지닌다. 토의 기운을 가진 자는 전반적으로 듬직하고 우직한 형처럼 보인다. 그래서 걷는 것도 느리고 무사태평한 말투와 행동을 한다. 토형인의 성품은 믿음을 주는 리더 스타일이 많으나 고집을 부리기 시작하면 엉뚱한 고집으로 주변을 피곤하게 한다.

토형인은 수형인을 만나면 뜻밖의 행운이 따르고, 금형인을 만나면 재능을 보여줄 수 있다. 화형인을 만나면 공부가 되고 목형인을 만나면 발전도 있지만 발목을 잡히게 될 수도 있다. 같은 토형인을 만나면 일이 정체가 되고 만사가 느려지게 된다.

금형인은 목이 짧고 어깨는 넓은 편이다. 얼굴 모습은 대체로 둥글넓적하게 생겼다. 전체적으로 피부색은 흰 편에 속한다. 금형인은 결단력이 강하고 한번 마음을 먹으면 끝까지 가는 경우가 있다. 그러나 몸을 다칠 수도 있고 흉이 많이 생기니 항상 몸조심을 해야 한다.

금형인은 목형인을 만나면 금전운이 좋아진다. 수형인을 만나면 창의성이 발달되고, 토형인을 만나면 많은 발전이 있다. 화형인을 만나면 명예가 올라가나 자신을 구속시키고 얽매이게 할 수도 있으니 조심해야 한다.

수형인은 대체로 얼굴색이 검고, 입이 아주 발달되어 앞으로 튀어나온 듯 보인다. 그리고 걸음을 걸을 때 엉덩이를 약간씩 흔들면서 걷는 특징도 있다. 이 형의 사람들은 극단적인 성향을 가진다. 건강하다면 임기응변(臨機應變)에 능하고 재빠르고 표현력이 좋지만 건강하지 못하다면 움직이지 않고 자신을 잘 드러내지 않는다.

수형인은 화형인을 만나면 재물운이 좋아지고 목형인을 만나면 자신의 재능이 발현된다. 토형인을 만나면 명예가 올라가나 자신을 구속하니 조심해야 하고 같은 수형인을 만나면 다툼과 시비를 조심하고 갑작스럽게 일이 확대되는 것도 조심해야 한다.

스스로가 자신의 생김새와 성품을 살펴본 후 사람을 잘 파악해보라. 어떤 사람이 도움이 되고 해를 끼칠 수 있을지 깨달을 수 있게 될 것이다.

5

오독서(五讀書), 좋은 책 한 권은 운명을 바꾼다

積財千萬 無過讀書(적재천만 무과독서)
; 천만금의 재물을 모아도 글을 읽는것만 못하다.
— 『顔氏家訓(안씨가훈)』

부(富)를 버리고 지식을 취하라

소크라테스는 말했다.

"타인의 저서를 보고 자기를 개량하는 일에 시간을 보내라. 그러면 타인의 행고(幸苦)를 거듭한 결과로 용이하게 개량될 것이다. 그리고 부(富)를 버리고 지식을 취하라. 왜냐하면 부는 일시적이지만, 지식은 영구하기 때문이다."

독서는 문명을 발달시켰고 과학을 진일보시켰으며 문화와 예술을 창조했다. 지식과 정보를 책으로 남기지 못했다면 오늘날의 인류는 존재할 수 없었을 것이다.

운의 기술

나는 우리나라 사람으로 가장 많은 책을 집필한 혜강 최한기 선생이 말한 '저술공덕(著述功德)'이라는 말을 좋아한다. 그는 1,000권의 책을 써서 많은 공덕을 세웠다. 여러 가지 공덕 중에 책을 써서 많은 중생들을 교화시키고 깨닫게 하는 저술공덕도 엄청난 공덕에 들어간다. 세계 4대 종교도 각각의 종단에 맞는 경전이 있다. 그 경전을 보고 수많은 신도가 믿음의 세계에 들어가는 것이다. 저술공덕을 하기 위해서는 저자가 먼저 자기 분야의 전문성을 갖추었거나 수많은 책을 독파해야 한다.

퇴계 이황은 알아주는 독서가였다. 그는 한번 독서에 빠져들면 방문을 굳게 닫고 방안에 조용히 들어 앉아 책을 읽기 시작하면 하루에 세 번 끼니 때 이외에는 일체 외출을 하지 않고 독서만 하기로 유명했다. 어느 날은 퇴계의 건강을 걱정한 나머지 친구가 찾아왔다.

"이 사람아! 독서가 아무리 중요하다지만 건강도 생각해야 할 게 아닌가! 요새 같은 무더위에 방문을 닫고 앉아 독서에만 전념하다가는 반드시 건강을 해치게 될 걸세. 독서는 적당히 하기로 하고 이 여름에는 산수(山水) 좋은 곳으로 바람이라도 쐬고 오세."

"이 책을 읽고 있으면 가슴속에 시원한 기운이 감도는 것 같은 깨달음이 느껴져서 더위를 모르게 되는데, 무슨 병이 생기겠는가? 책을 충분히 읽고 나서 사서를 다시 읽어보니 성현들의 한 말씀 한 말씀에 새로운 깨달음이 느껴져서 나는 이제야 학문의 길을 제대로 알게 된 것 같다네."

독서가 얼마나 중요하고 독서를 하면서 느끼는 깨달음의 무아지경을
잘 표현한 대화이다.

물은 답을 알고 있다

동양학자의 입장에서 보면 책에는 그 책을 쓴 저자의 기력(氣力)이 들어
가 있다. 저자의 기력이란 작가의 타고난 기운과 인위적으로 배우고 닦
아서 생긴, 책 속에 담겨 있는 기운을 말한다. 그래서 부자들은 수십 억
을 들여서라도 예술작가의 작품을 사들인다. 그 그림 한 점에 들어가 있
는 작가의 사상, 깨달음, 세계 등이 담긴 기력을 느낄 수 있기 때문이다.

그래서 필자는 가끔 손님들에게 말한다.

"진정한 부자가 쓴 책을 가지고 다니면 재물을 부른다는 부적 몇 십 개
를 가지고 다니는 것보다 더 좋은 운을 불러온다."

단순히 글자가 써진 책을 가지고 다닌 것만으로 어떻게 좋은 운을 불
러들일 수 있다는 말인가 하고 이해가 안 될 것이다. 기(氣)의 세계를 안
다면 이런 말이 결코 허무맹랑한 이야기가 아님을 알 수 있다.

장사를 하는 자영업자는 손님을 더 불러오고 싶다면 시중에서 장사로 성공한 사장이 직접 쓴 책을 구해다가 카운터나 항상 가까운 곳에 놔둬 보라. 굳이 그 책을 읽지 않더라도 그 안에 있는 장사 잘 되는 수많은 글들이 보이지 않은 기운으로 영향을 줌으로써 좋은 효과를 발휘한다.

예술가를 꿈꾸는 예비 예술인들은 자신의 분야에서 세계적으로 성공한 스타 예술가들의 자서전이나 에세이를 항상 가까운 곳에 놔두면 역시 좋은 아이디어나 행운의 기운을 얻게 된다.

스포츠 스타를 꿈꾸는 운동선수들도 마찬가지다. 이미 세계적인 스타로 발돋움한 스타들의 저서나 책을 놔두면 좋은 효과를 발휘한다. 요즘은 대부분의 자서전이나 에세이집들은 사진과 함께 그들이 활동했던 순간, 입상을 한 순간, 우승컵을 들어 올리는 순간 등이 모두 담겨져 있어서 더 강력한 에너지가 담겨져 있다.

이렇듯 책을 통해서 많은 정보와 지혜를 얻을 수 있지만 책에는 보이지 않는 저자의 엄청난 기운도 숨겨져 있다. 책 한 권이 운명을 바꿀 수 있는 여지는 충분한 것이다.

6

육적음덕(六績陰德),
덕을 베풀어서 운명을 업그레이드 하라

積善之家 必有餘慶(적선지가 필유여경)
; 선행을 쌓은 집에는 반드시 남은 경사(慶事)가 있다.
－『周易(주역)』

복(福) 많이 받으십시오

우리는 일상에서 알게 모르게 덕(德)과 복(福)이란 말을 많이 쓴다. 새해 인사 또는 세배를 할 때에도 "복 많이 받으십시오."라고 말한다. 세배를 한 다음에는 어른들로부터 덕담을 듣는다. 이렇게 복과 덕은 항상 따라다니는 말처럼 일상에서 많이 쓰고 있다.

실제로 음덕양보(陰德陽報, 남모르게 덕을 쌓는 사람은 반드시 복을 받는다)는 운을 연구하는 역학에서도 복과 덕을 아주 긴요하게 연결되어 있는 것으로 본다.

관상학의 고전 『신상전편(神相全編)』에 보면 이런 글귀가 있다.

"덕(德)은 형(形)의 앞에 있고 형(形)은 덕(德)의 뒤에 온다."

형은 우리가 알고 있는 관상(觀相)과 골상(骨相)을 말한다. 사람의 운명을 형상으로 보여주는 것이 상학(相學)인데 그 형상 앞에 있는 것이 적덕(積德)이라고 말하는 것이다. 즉 적덕으로 관상을 바꿀 수 있고 심상(心相)을 바꾸면 운명을 바꿀수 있음을 말하고 있는 것이다.

이러한 덕을 쌓는 방법 중에 석가모니가 말한 '무재칠시(無財七施)'는 누구라도 쉽게 할 수 있는 적덕법이다.

어떤 이가 석가모니를 찾아와 물었다.

"하는 일마다 되는 게 없으니 어찌된 일일까요?"

"그것은 네가 남에게 베풀지 않았기 때문이다."

"저는 아무것도 가진 게 없는 가난한 자입니다. 남에게 줄 것이 있어야 주지요."

"그렇지 않다. 재산이 없어도 누구나 남에게 줄 수 있는 일곱 가지 적덕법이 있다."

그 일곱 가지는 다음과 같다.

"첫째, 얼굴에 밝은 미소를 띠고 부드럽고 정답게 남을 대하는 것이다.

둘째, 공손하고 아름다운 말로 대하는 것이다. 사랑의 말, 칭찬의 말, 격려의 말, 양보의 말이다.

셋째, 착하고 어진 마음으로 사람을 대하는 것이다. 따뜻한 마음은 사람들에게 용기를 준다.

넷째, 호의를 담은 부드럽고 편안한 눈빛으로 사람을 대하며, 동시에 다른 사람의 좋은 점을 보려 하는 것이다.

다섯째, 힘으로 남을 도와주는 것이다. 힘든 노약자의 짐을 들어주거나 장애인을 도와주거나 몸으로 봉사하는 것을 말한다.

여섯째, 다른 사람에게 자리를 양보하는 것이다. 지치고 힘든 이에게 편안한 자리를 내어주는 것도 마찬가지다.

일곱째, 사람들로 하여금 편안하게 쉴 공간을 주는 것이다. 이것은 묻지 않고도 상대의 마음을 헤아려 도와주는 것이다."

이렇듯 내가 남에게 덕을 베풀고자 할 때는 여러 가지 방법이 있다. 운명을 바꾸려면 심상을 바꾸어야 하고 심상을 바꾸는 가장 좋은 방법은 적덕법이다.

경주 최씨 집안은 500년 동안 부(富)를 유지한 가문으로 유명하다. 그집안에는 "사방 백리 안에서는 굶어 죽는 사람이 없게 하라."라는 가훈이 있다. 실제로 흉년에는 활인소를 설치하여 굶주리는 사람들을 살리기 위하여 죽을 쑤어 나누어주고, 쌀통을 밖에다 두어 양식이 필요한 사람들로 하여금 가져가도록 하였다. 이는 이웃과 더불어 사는 부자의 도리를 가르친 것이다. 경주 최씨 마지막 부자였던 최준은 백산상회를 설립한 사람들 중 하나로, 집안의 막대한 부를 독립운동 자금으로 내주었다고 한다.

정승이 된 빌어먹을 팔자(八字)

적덕으로 운명을 바꾼 좋은 사례가 있다. 옛날 중국 당나라때 배휴라는 사람이 있었다. 어려서 조실부모하여 외삼촌댁에 몸을 의탁하고 있었는데 어느날 일행선사라는 도가 높고 상을 잘보는 스님이 와서 외삼촌과 이야기를 하고 있는데 밖에서 들어보니 그 스님이 이렇게 물었다.

"저 아이는 웬 아이입니까?"

"나의 생질인데 부모가 없어 데리고 있습니다."

"저 아이를 내보십시오."

"부모도 없는 아이를 어떻게 내보냅니까?"

"내가 보니 저 아이를 놓아두면 워낙 복이 없는 아이라서 어디를 가든 빌어먹게 되고 저 아이로 말미암아 이웃이 가난해집니다. 저 아이가 빌어먹으려면 우선 이 집부터 망해야 하니 당초에 그렇게 되기 전에 내보시지요."

선사가 돌아간 뒤 배휴가 외삼촌에게 말했다.

"외삼촌, 저는 이제 떠나야겠습니다."
"가기는 어디로 간단 말이냐?"
"아까 일행선사님의 말씀을 들었습니다. 내가 빌어먹으려면 일찍 혼자 빌어먹을 일이지 외삼촌까지 망해놓고 갈 것이 있겠습니까? 지금부터 밖으로 빌어먹으러 갑니다."

그는 자꾸만 만류하는 외삼촌을 뿌리치고 얻어먹는 거지가 되었다. 사방으로 다니던 중 하루는 어느 절에서 아주 진귀한 보배가 떨어져 있는 것을 보았다. 구걸해 먹는 처지에 주워다 팔아먹지 않고 주인이 오기를 기다렸다. 그 보배는 3대 독자의 생명이 걸려 있는 애절한 사연이 있는 것이었는데 허둥지둥 찾으러 온 주인에게 돌려주니 그 사람은 지옥에서 부처 만난 듯 고마워했다.

배휴가 그렇게 좋은 일을 하고 지나가는 길에 외삼촌댁에 들를 일이 잠시 들렀더니 때마침 일행선사가 다시 와서 배휴를 보더니 말했다.

"애야, 네가 정승이 되겠구나."
"스님이 언제는 내가 빌어먹겠다고 하더니 이제 와서 또 정승은 무슨 말씀이오?"

"그때는 너의 얼굴상을 보았고 오늘은 너의 마음상을 보았다. 얼굴상은 웬만해서는 안 바뀐다. 너의 기색이 바뀐 것을 보니 무슨 좋은 일을 하였느냐?"

배휴가 절에서 사람 하나 살린 일을 이야기하니 "그래서였구나."하고 고개를 끄덕였다. 그 후 배휴는 일행선사의 말처럼 삼공정승이 되었다.

고전 관상서 『상리형진』에는 다음과 같은 세 가지 공덕을 쌓으면 상천(上天)의 하늘을 감동시켜 자기의 골격을 전부 바꾸어 금단의 법도 얻고 운명도 바꿀 수 있다고 쓰여 있다.

첫 번째, 음덕제인(陰德濟人)이다.

남이 모르게 덕을 쌓은 것으로 덕 중에 제일 상덕(上德)으로 친다. 남의 산소일지라도 벌초해서 돌보며, 말하고 대답하는 속에서도 복을 짓게 하고, 서로 등지고 하는 바탕에서도 남을 놓아주고 원한을 놓아주며, 남의 자손이라도 바르지 못하면 훈계하고, 바른 정도의 길을 가도록 남을 잘 인도하는 것이다.

두 번째, 심덕제인(心德濟人)이다.

심성과 마음으로 행하는 덕을 말한다. 이는 모든 일을 만날 때 자기 마음을 조심하고 일을 실행할 때는 이치에 합당해야 하며, 남의 착한 일을 발견하면 반드시 하례를 하고, 악한 것을 보면 반드시 경계하며, 남의 어려운 환경을 보면 반드시 구제해주고, 위험한 것을 만나면 반드시 붙들어주며, 독을 풀어 물고기를 잡지 말 것이며, 남을 꾀어서 소송하지 않게 하는 것이다

세 번째, 공덕제인(功德濟人)이다.

실천과 행동으로 덕을 쌓은 것을 말한다. 이는 급한 사람을 구제해주고, 길을 가다가 조약돌이 있어 발에 채이거든 마땅히 주워서 멀리 버려야 할 것이며, 먹을 것과 입을 것을 나누어주고, 병든 사람에게 약을 주고, 버려진 젖먹이도 데려와 길러주며, 가난한 사람에게 은혜를 베풀고, 쌀값을 내려 형평성 있게 팔며, 홍수가 났을 때 기꺼이 도와주는 것이다.

석가모니가 말한 일곱 가지 공덕과, 상리형진에서 말하는 세 가지 공덕은 잘 읽어보면 생활 속에서 충분히 행할 수 있는 것들이다. 이러한 방법으로 운명을 바꿀 수 있다면 기꺼이 해보아야지 않겠는가!

7

칠인행운(七引幸運),
동서양의 고대로부터 내려오는 행운법

博學審問 愼思篤行(박학심문 신사독행)
; 널리 배우고 자세히 물으며, 신중히 생각하고 독실하게 행동한다.
—『中庸(중용)』

주변을 보면 하는 일마다 잘되는 사람이 있고 하는 것마다 안 되는 사람이 있다. 이럴 때 행운이라는 말이 나온다. 하는 일마다 잘되는 사람은 운이 좋아서 저렇게 잘 풀린다고 하고 안 풀리는 사람은 운이 없어서 되는 것이 없다고 한다.

먼저 행운(幸運)이라는 말의 사전적 의미를 풀어보자. 행(幸)이라는 글자의 뜻은 '행복, 좋은 운, 뜻하지 않은 좋은 운, 기뻐하다, 좋아하다, 행복하게 하다.'이다. 운(運)이라는 글자의 뜻은 '옮기다. 움직이다. 나르다, 궁리하다, 운용하다.'이다. 이 둘을 합하면 '좋은 운을 움직인다, 행복을 나르다, 행복하게 하는 것을 운용한다. 좋은 운을 궁리하다.' 등의 여러 가지 뜻이 나온다.

역학에서는 행운을 끌어당기는 여러 가지 법칙이 있다. 운명학을 연구하는 사람은 행운을 철저히 자신의 타고난 기운을 보완할 때 발생하는 요소로 본다. 그래서 타고난 기운을 모르고 하는 굿이나 천도와 같은 행위는 신비주의와 증명되지 않는 미신으로 취급한다. 서양에서도 '아스트롤로지'라고 해서 타고난 기운을 연구하고 풀어주는 별자리 점성술가가 있다. 당연히 이들도 행운법을 논한다. 자신에게 행운을 가져다주는 별을 주기에 따라 만나면 운이 좋아지고, 자신의 주성(主星)과 반대되는 별이 안 좋은 각도로 만나게 되면 불행이 온다고 설명한다. 동양과 서양에서 행운의 발복시기는 철저히 그 사람의 타고난 기운을 바탕으로 설명하고 있는 것이다.

이렇게 별과 항성, 12절기, 4계절을 만나면서 자연발생적으로 순차적, 주기적으로 발생되는 운로(運路)가 아니고 인위적으로 행운을 발생시키는 여러 가지 방법이 고대로부터 사용되어왔다.

대표적인 행운법은 다음과 같다.

첫째, 기운(氣運)의 혈(穴)자리를 양자파동(量子波動)으로 풀어준다.
둘째, 소리로 불리어지는 이름과 상호다.
셋째, 자신이 쓰고 있는 모든 숫자이다.

넷째, 보석, 원석, 자연물을 통한 행운법이다.

다섯째, 색상(色相)이다.

여섯째, 실제로 공(功)을 들인 부적이다.

행운법 중에 몇 가지만 그 원리와 적용 방법에 대해서 알아보자.

동양철학에서 보는 세계는 기(氣)의 세계다. 보이지 않지만 엄연히 존재하는 에너지가 모든 삼라만상에 존재한다고 본다. 이 기를 보낼 수도 있고 담을 수도 있고 흐르게 할 수 있다. 동양학의 이런 기의 세계는 서양의 양자학(量子學)을 알면 보다 쉽게 이해할 수 있다. 양자학에서는 물질과 공간의 구성 요소를 다음과 같이 규명했다. 모든 물질을 쪼개고 쪼개면 분자가 있고 분자를 쪼개면 원자가 있고 원자를 쪼개면 원자핵이 있고 원자핵을 쪼개면 양성자와 중성자가 있고 이것을 다시 쪼개면 쿼크(quark)가 된다. 이 쿼크가 현대 물리학에서 발견된 최고로 작은 입자인 물질을 구성하는 최소 단위 알갱이다. 현대의 최고 과학계가 물질은 쪼개고 또 쪼개어 더 이상 쪼개어지지 않는 단계의 알갱이가 수없이 모여 이루어진 것이라고 명명(命名)한 것이다.

그래서 우리가 눈으로 보고 만지는 이 세계는 사실은 보이지 않는 입자로 되어 있어서 우리 눈에는 보이지 않지만 공간 속의 에너지가 변화한다. 기(氣)의 세계를 아는 동양학자들은 현대의 과학자들이 굉장히 어렵게 말하는 이 양자학의 세계를 이미 몇 천년 전부터 생활 속에서 활용해왔기 때문에 바로 이해할 수 있다.

필자는 몸의 공간에서 기를 조정하는 방법, 소리에서 기를 조정하는 방법, 숫자에서 기를 조정하는 방법, 글자로써 기를 조정하는 방법 등 신체나 공간에서 기를 조정하는 여러 가지 방법을 알고 있다. 이 책에서 소개하는 여러 가지 행운법을 따라 하다 보면 어느새 기의 세계가 실제적으로 존재함을 알게 될 것이다.

타고난 천기(天氣)에 따라 몸의 체질이나 건강은 정해진다. 이 천기를 조절해주는 기운조정법은 건강은 물론이고 행운까지 가져다준다. 나의 천기가 개선이 되면 동기감응의 법칙으로 좋은 기운을 끌어올 수 있기 때문이다.

기의 세계를 아는 동양학자들은 굉장히 이 양자학의 세계를 생활 속에서 활용해왔기 때문에 바로 이해할 수 있다.

이미 한의학이나 중의학은 기의 통로를 경락(經絡)이라고 했고 이 경락마다 신체와 밀접하게 연결되어 있는 기의 출입하는 곳, 혈(穴)자리도 이

운의 기술

미 수백 년 전에 명명했다. 그래서 이 혈(穴)자리를 잘 알고 조절해주면 인체의 건강은 물론이고 정신도 밝아지게 된다. 침술이나 지압은 모두 이와 같은 기를 조정해 몸의 공간에 있는 기운을 바로 잡아주는 역할을 한다.

인체에는 365개의 혈자리가 있고 12경락이 있는데, 기운이 잘 흐를 때 건강하고 막히면 건강하지 못한 것으로 본다. 기의 흐름이 막히는 상태에서 병이 생기는 것이라 보며 기의 흐름을 원활하게 하기 위한 여러 방법을 시도하고 있다.

혈자리는 기(氣)가 흐르는 자리인 경락(經絡)의 순행이 지나가는 경로상에 있는 부위로 침을 놓거나 뜸을 뜨는 자리다. 예로부터 기재된 혈자리는 361곳에 달하고, 이 모든 혈자리들은 인체 경락, 장부, 기혈(기와 혈액)이 인체표면의 피부와 근육 근(힘줄)골(뼈)간에 모이는 자리일 뿐만 아니라, 질병에 반응하는 자리이기도 하다.

이 혈(穴)자리를 기존의 침이나 뜸의 방법이 아닌 양자학(量子學)의 개념으로 기존의 경락(經絡)의 길이 아니더라도 기운(氣運)을 조정하고 균형을 잡아주는 방법이 있다. 양자학의 개념과 기(氣)의 원리를 정확히 이해하면 누구라도 기운을 스스로 조정할 수 있다. 타고난 천기(天氣)의 불균형은 악운을 불러오고 건강을 안 좋게 만든다. 양자파동법의 원리로 혈(穴)

자리를 조정해주면 건강도 좋아지지만 운(運)도 좋아진다. 기회가 된다면 이런 양자파동의 기운 조정법을 자세하게 담은 책을 조만간 낼 것이고, 강연회를 통해 독자들이 충분히 이해할 수 있는 기회를 주겠다. 일단, 행운법 중 여덟 번째에 있는 금일법에는 이러한 모든 원리가 들어가 있으니 금일법의 호흡과 명상법을 열심히 하면 기운은 스스로 조정이 된다.

우리가 내는 음성에는 파장이 있다. 당연히 이 파장에도 음양오행의 기운이 있다. 그래서 불려지는 것도 중요하지만 스스로 내는 음성에도 기운이 서려 있다.

여자 피겨스케이팅계의 라이벌, 김연아와 아사다 마오를 보자. 주니어 시절부터 둘은 치열한 라이벌이었지만 먼저 두각을 나타낸 것은 아사다 마오였다. 그러나 주니어 시절이 넘어가면서 큰 대회에서는 김연아가 압승했다.

사실 두 소녀는 공통점이 많다. 1990년 양력 9월 5일에 김연아가 태어났고, 아사다 마오는 그 뒤 양력 9월 25일에 태어났다. 같은 해 같은 달 탄생했다. 위로 언니가 있는 차녀이다. 그리고 피겨스케이팅을 한다. 특별한 공통점이 있다면 모두 비범한 재능을 가지고 태어나 주변에서는 '천재'라고 불렸다는 점이다. 그리고 역학으로 볼 때 둘을 대표하는 일간도 계수(癸水)로 같다.

그러나 둘은 이름에서 결정적인 차이가 났다. 둘의 타고난 명운(命運)에서는 중앙(中央)토(土)의 기운이 각자의 사주를 받쳐주는 토대이자 다른 기운을 살려주는 중요한 오행(五行)이다. 한글의 자음 중에 ㅇ과 ㅎ의 발음이 토(土)의 발음이라고 했다. 연아의 자음은 모두 토의 발음이고 'ㅕ'라는 목(木)의 모음이 'ㅇ'의 자음을 공격할 때 'ㄴ'의 모음이 화기(火氣)로써 힘을 빼주고 'ㅎ'의 자음을 또 생(生)해준다.

하지만 아사다 마오는 'ㅇ'의 자음을 '사, 다, 마'라는 중간의 이름 발음이 상극으로 부딪히고 모음까지 도움이 안 된다. 김연아의 사주는 양기운(陽氣運)이 강해서 부드러운 발음이 필요했다. '연아'의 발음은 부드럽고 연하다. 자신의 이름에 부족한 음(陰)의 기운을 보완해준 것이다.

여기다 전통 한자 성명학으로까지 김연아는 좋게 풀이가 된다. 김연아(金姸兒)라는 이름을 한자로 풀어보면 원형이정(元亨利貞)의 수리(數理)가 15획, 15획, 16획, 23획으로 모두 길격(吉格)의 수리로 나온다. 일부 책자에서는 여자가 15획을 쓰면 팔자가 쎄다고 안 좋게 보지만 요즘같이 여성 주도의 시대에서는 별의미가 없다. 묘하게 삼원오행도 모두 토토토(土土土)의 수리로 나온다. 삼원(三元五行)과 자원(字元五行)을 상생(相生)이 안 되면 무조건 흉한 이름으로 해석해야 한다는 학자들도 많지만 현실에서는 상생(相生)이 되지 않아도 유명인이나 잘나가는 사람이 많다. 삼원오행과 자원오행 모두 태어난 사주에 부족한 오행으로 채워주면 된다.

이렇게 이름에는 엄청난 기운이 숨겨져 있다. 유독 이름이 대중에게 많이 불리는 연예인, 스포츠 스타, 정치인 등은 훨씬 더 강력한 기운이 발동된다.

타고난 기운을 안다면 내 사주에 맞는 보석과 원석, 자연물을 다양하게 활용할 수 있다.

목기(木氣)는 인체로는 간과 쓸개와 관련되어 있다. 체내를 조절하는 자율신경도 이 목기에 해당된다. 신경이 예민하거나 결단력 부족이나 공포증, 불면증이 있다면 색깔로는 청색, 곤색, 하늘색 등의 색깔을 보완하고 사파이어 같은 푸른색의 보석이나 원석이 좋다.

화기(火氣)는 인체의 오장육부 중에 심장과 조혈 작용, 혈류와 동맥정맥, 정신 작용도 포함한다. 화기가 왕성하면 생기가 넘치고 밝지만 지나치면 급한 성질에 감정조절이 안되고 너무 부족하면 매사 소극적이고, 배려나 타인에 대한 애정이 부족한 경향이 있다. 자신이 이런 성격이 있다면 색깔로는 붉은색, 핑크색을 자주 입고 보석과 원석도 루비와 같이 붉은색과 핑크빛이 도는 것이 좋다.

토기(土氣)는 인체에서 비장과 위 등 주로 소화기를 관장한다. 토기가 튼튼하면 마음의 중심이 확실하고 여유롭다. 부족하면 의지박약하며 게으르고 주변에 쉽게 휩쓸릴 수 있다. 이런 경향이 있는 사람이라면 주로 황토색, 노란색, 황금색등의 색상을 주로 지니고 보석과 원석으로는 호박, 황금 같은 노랗고 황금색의 빛이 도는 것이 좋다.

금기(金氣)는 인체에서 폐와 대장과 같은 주로 호흡기와 관련되어 있다. 금기가 약하면 끊고 맺음이 부족하고 결단력이 없으며 중도에 포기가 많다. 너무 강하면 고집이 세고 독불장군이나 적당하면 어떤 일이든 잘해내는 생각과 행동이 일치되는 사람이 많다. 자신이 금기가 필요하다고 생각하면 색으로는 하얀색과 은색을 활용하고 보석과 원석으로는 백금, 수정, 은과 같은 백색과 투명한 빛이 도는 것이 좋다.

수기(水氣)는 신장과 방광 같은 주로 생식기와 관련이 있다. 수기가 튼튼하면 정력이 넘치고 인간관계가 원활하며 융통성이 있다. 부족하면 대인관계가 문제가 생기고 융통성이 없으며 항상 몸에 기운이 없게 된다. 수기가 필요한 사람이라면 검정색을 주로 많이 입고 보석으로는 흑진주나 흑요석 같은 검정빛깔이 도는 것이 좋다.

마지막으로 동양이나 서양이나 고대로부터 내려오는 부적이 있다. 제대로 된 부적을 쓰는 사람이 극히 드문 만큼 부적이 효험을 보려면 격식과 법도를 제대로 지켜야 한다.

먼저 부적을 쓰기 7일 전부터는 술을 먹거나 음행(淫行)을 해서는 안 된다. 부적을 쓰는 당일에는 올바른 자세로 앉아 심신합일의 상태를 만든 다음, 자시(밤11시 30분에서 새벽1시 30)에 경면주사 가루에 녹각액을 섞어서 괴황지나 고급 순한지에 써야 한다. 사실 이 정도로 정성을 들여 쓴 부적이 거의 없기 때문에 효과도 없는 것이다. 진정한 무속인이나 역술인들은 부적을 쓰고 나면 며칠간 몸이 앓아서 누울 정도다.

이밖에 오행(五行)의 기운을 적용해서 보완하는 잠자는 머리 방향, 책상 방향, 기도가 잘되는 방향, 입찰이 잘되는 방향 등 모두 공간의 기운을 활용해서 운을 좋게 하는 방법들도 있다.

이 모든 것이 효과가 있으나 진정한 효과를 알려면 제대로 법을 알아야하고 정법(正法)으로 행해야 생활 속에서 행운(幸運)을 가져올 수 있다.

8

팔금일법(八金一法),
부와 성공을 현실로 창조하는법

極高明而道中庸(극고명이도중용)
: 학문이나 행위는 높고 밝은 것을 철저히 규명하되
실행할 때에는 중용을 따라야 한다.
— 『중용(中庸)』

1,000년 동양학에는 운명을 바꿀 수 있는 여러 가지 방법이 있다. 특히 이 금일법에는 동양의 음양오행의 기운을 보완하고 서양의 잠재의식을 지배하는 방법이 모두 들어가 있다. 앞서서 설명한 운명을 바꿀 수 있는 7가지 기술도 사실 이 금일법(金一法)에 모두 들어가 있다.

세상이 혼돈하고 사법(邪法)이 판을 치고 있다. 가짜 목사와 스님, 사이비 무속인들이 모두 보이지 않는 세상을 이용해 혹세무민하고 있다. 이에 필자는 이 금일법을 공개한다.

금일법은 미신이나 신비적인 방법이 아니다. 철저히 역(易)의 이치에서 음양오행의 모든 이치가 다 들어가 있고 불법(佛法)의 만법귀일(萬法歸一),

심리학과 철학의 형이상학(形而上學), 그리고 서양에서 말하는 잠재의식을 활용하는 방법도 들어가 있다.

그래서 이 금일법만 사용을 잘하면 여타의 다른 방법을 사용하지 않아도 될 정도로 자신의 운명은 물론 원하는 대로 인생(人生)을 살 수 있는 귀중한 현실 창조법을 체험하게 될 것이다.

필자는 역학과 동시에 동양의 전통 선도 수행법을 수련해왔다. 금일법을 만나기 전까지 단학, 무술기공, 연기공, 색상기공, 16신성도, 요가 등 다양한 기운법을 수학했다. 그리고 만난 선도 수행법은 마치 스님이 세상을 떠나 출가하듯 아침부터 저녁까지 오직 수행에만 전념을 했다. 선도수행법의 마지막 단계 중에 하나가 색상기공(色相氣功)과 원상법(原象法), 양신법(陽神法)이다.

이러한 동양의 모든 기운법을 공부하고 수련하고 있을 때 스승님의 모태산(母胎山)이자 나의 전생과 인연이 있는 계룡산 향적산에서 금일법의 원리를 깨우쳤다.

필자가 금일법을 세상에 공개한 것은 9년 전 필자의 첫 번째 책인『역하되 역하지 말라』에서였다. 그때는 금일법을 서방(西方)금(金)의 원리로 기운을 끌어당기는 것이 가장 핵심이었다면 이번에 공개하는 금일법은 방향에 상관없이 어느 곳에서나 자유롭게 건강과 행복 성공의 기운을 모

240

두 끌어당길 수 있는 방법을 제시하는 실물과 현현(顯現)의 법칙을 분명하게 실현시킬 수 있는 구체적인 호흡법과 방법론을 제시한다.

금일법은 동그란 모양의 실물을 걸어놓고 시작을 한다. 맨 처음에는 금일법 실물에 있는 가운데 백색(白色)만을 바라보고 금일 호흡을 하라.

첫째, 금일법을 걸어놓고 편하게 앉은 뒤 가운데 백색(白色)을 바라보고 호흡을 들이쉬면서 하나, 둘, 셋 들이쉬면서 호흡을 멈춘다.

둘째, 멈춘 상태에서 다시 하나, 둘, 셋을 센다.

셋째, 멈춘 상태에서 세 번의 호흡이 끝나면 서서히 내뱉으면서 다시 들이쉬고 내쉬고(한번), 들이쉬고 내쉬고(두 번), 들이쉬고 내쉰다(세 번).

이 과정이 금일법의 기본 호흡법이자 명상법이다. 이과정이 숙달이 되면 이제 소원성취, 현현의 법칙으로 들어가보자.

자, 다시 금일법의 실물을 걸어두고 좌정을 한다. 자신이 바라는 소원을 구체화한다. 소원을 구체화하는 것이 매우 중요하다. 막연하거나 연상이 되지 않으면 그만큼 늦어진다. 금일법 위에서 현실화하는 것은 역

의 법칙상 매우 구체적으로 드러난다. 그런데 내 자신이 바라고 원하는
것이 명확하지 않으면 기운이 하나로 모아지지 않는다.

첫 번째, 구체적인 소원을 만든다. '만든다.'라는 것은 눈을 감아도 내
가 원하는 것이 바로 떠올라야 하고 눈을 떠도 내가 바라는 소원이 분명
하게 이미지로 그려져야 한다.

두 번째, 이제 금일 호흡을 들어간다.
다시 들이쉬면서 숨을 멈춘다. 속으로 하나 둘 셋 정도를 쉬면서 금일
법의 가운데 하얀색 공간에 내가 원하는 소원을 떠올린다. 그 소원이 마
치 현실에서 일어나 살아있는 것처럼 바라보라. 그 하얀색 공간에 소원
을 영상처럼 그린다고 생각하라. 속으로 하나 둘 셋 정도를 센 시간이 지
나면 호흡을 내뱉는다.

다시 들이쉬고 내쉬고(하나)
들이쉬고 내쉬고(둘)
들이쉬고 내쉰다(셋).

여기까지가 한 사이클이다. 이 과정을 처음에는 3번 정도 하라. 다음에
는 6번, 그 다음에는 9번까지 늘려보라. 나중에 호흡이 익숙해지면 들이

쉴 때와 내쉴 때가 자연스러워진다. 들이쉴 때는 코와 입이 단전에 있고 그 단전으로 우주의 충만하고 내 소원을 들어줄 수호천사의 놀라운 에너지가 전신으로 퍼진다고 생각하라. 내쉴 때는 단전을 통해 나의 부정적인 사고방식, 안 좋은 기운, 알든 알지 못하든 내가 가진 모든 병의 기운도 나간다는 생각을 두고 하라.

처음에는 어렵고 상기(上氣)도 될 것이다. 이런 단계가 익숙한 뒤에는 서서도 할 수 있고 누워서도 할 수 있다. 그리고 나중에는 금일법이 없어도 이미 이마의 한 가운데 명궁(命宮)에 금일법의 형상이 남아 있기 때문에 눈을 감으면 금일법의 형상이 현실처럼 떠오르게 된다. 이런 단계가 되면 금일법의 실물이 없어도 금일법이 있는 것처럼 할 수가 있다.

이 금일호흡과 금일법에는 선도기공(仙道氣功), 건강기공(健康氣功), 무술기공(武術氣功)의 모든 원리가 들어가 있다. 부작용은 없다. 다만 호흡에 익숙하지 않은 상태에서 바로 소원성취법이 들어가면 상기(上氣) 상태로 인해 가슴이 답답하고 머리가 어지러울 수 있다. 그렇게 되면 잠시 호흡을 고르고 편하게 심호흡을 몇 번 하게 되면 그런 현상이 사라진다.

현실을 창조하는 금일법명상은 지금까지 나온 어떤 명상법보다 강력하다. 필자는 현장에서 이 금일법명상을 직접 지도하고 교육도 하고 있으니 궁금한 사항이 있으면 문의하시길 바란다.

김(金)씨 세 부자(父子)

김일성

목형(木形)에 가까운 동자도설(同字圖說)을 갖추었다. 관상학으로만 본다면 김일성의 외모가 가장 귀격(貴格)에 속한다. 고서(古書)에 이 상(相)은 눈썹이 진하고 선이 굵으며 이상과 꿈이 크고 행동력도 갖추었기에 모험가가 많고 얼굴의 삼정(상,중,하) 부위가 길고 넓고 오악(이마,코,입,양이마끝)또한 높음을 말하는데 남자가 이 형상을 얻으면 국가의 재상이 될 수 있고 초,중년의 운세가 강하다고 하였다. 김일성 생존에 그나마 북한주민들이 굶주림을 덜한 것은 이러한 김일성의 강한 기운과 운세가 일조를 했다.

김정일

화형(火形)에 속한 용자도설(用字圖說)에 해당되는 얼굴이다. 얼굴의 이마나 턱이 볼록하고 앞 얼굴이 튀어나와 있고 입이나 입술이 얇으며 작다. 이 상(相)은 성질이 불같고 항상 자기가 일을 해야 직성이 풀리고, 늘 마음이 편치 못해 심화(心火)가 있어 불안 초조를 느끼며 불안정하다. 이러한 성질이 그를 은둔의 지도자로 만든 것 같다. 그의 강한 화(火)기운이 국제 사회의 안보를 위협하는 핵폭탄을 만들고 화력(火力)을 자랑하는 군사력 맹신주의자로 만든 기본 바탕이 됐다.

김정은

오행상 수형(水刑)에 속하며 원자도설(圓字圖說)의 얼굴에 해당한다. 얼굴이 둥글고 귀가 둥글며 전체적인 형상이 둥근 형상이 원자(圓字)의 얼굴에 속한다. 이 상(相)은 음의 기운이 왕성하고 양의 기운이 쇠약한 얼굴이므로 귀한 격에는 들어가지 못한다. 이 형의 기본적인 성질은 동화(同化)가 된다는 것이다. 주변이 추우면 얼고 바람이 불면 파도가 치는 물의 성질처럼 이 상(相)은 주변 환경에 의해 영향을 많이 받는다. 원래는 아버지 김정일처럼 마른 화형(火形)이었는데 우상화 작업 때문에 수형(水形)으로 바꾸어졌다. 그래서 급한 성질의 화(火)의 성품과 극단적인 형태로 변덕이 심한 수(水)의 성품을 같이 봐야 한다.

HAPPINESS · WEALTH · SUCCESS

좋은 기운을 받고
나쁜 운명 쫓는 운 컨트롤

기회는 3번이 아니라 3,000번도 온다

행동가가 되라. 가만히 있지 말고 행동하라.
― 지그 지글러

이탈리아 토리노 박물관에는 제우스의 아들, 카이로스라는 신(神)을 대리석에 새겨놓았다. 카이로스는 기회(機會)의 신이다. 앞머리는 머리카락이 풍성하고 뒷머리는 없으며, 한 손에는 저울을 쥐고 있고 다른 한 손에는 칼을 들고 있다. 그리고 발에는 날개가 달려 있다. 이러한 모습이 무엇을 뜻하는 것일까?

고대 그리스 역사를 보면 카이로스에 대해 다음과 같은 글이 쓰여 있다.

"앞머리가 무성한 이유는 사람들이 나를 보았을 때 쉽게 붙잡을 수 있도록 하기 위함이고 뒷머리가 대머리인 이유는 내가 지나가면 사람들이

다시는 붙잡지 못하도록 하기 위함이며 발에 날개가 달린 이유는 최대한 빨리 사라지기 위함이다. 나의 이름은 기회이다."

기회라는 것은 누구에게나 온다. 자신의 앞에 기회가 왔을 때 한 손의 저울로 빨리 판단을 한 후 한 손의 칼로 결단력 있게 결정해야 한다는 뜻이다. 이를 놓치고 기회가 지나가면 뒷머리가 없어 잡을 수도 없고 발뒤꿈치에 달린 날개로 빠르게 도망가기 때문에 기회는 때가 지나가면 놓치기 쉽다는 뜻이다.

우리는 살아가면서 기회를 잡기 위해 수많은 준비를 하고 노력을 한다. 취업 준비생들은 취업의 기회를 살리기 위해 스펙을 쌓고, 결혼을 하고 싶은 사람들은 더 나은 배우자를 만날 기회를 잡기 위해 더 멋지게 자신을 갈고 닦는다. 세상의 모든 사람들도 기회를 잡기 위해서는 기본적으로 준비가 필요함을 알고는 있다. 하지만 이 기회를 잡는 준비를 할 때 운(運)의 속성과 비밀을 알게 되면 더 많은 기회가 왔을 때 놓치지 않고 잡을 수 있게 된다.

먼저 운(運)이라는 것에 대해서 더 자세히 알아보자.

『고서(古書)』에 보면 "명호불여운호(命好不如運好)"라는 말이 있다. 살아가는 데 있어서 명(命)보다는 운(運)이 중요하다는 뜻이다.

모든 일의 성패는 운이 70%, 노력과 실력이 30%라는 '운칠기삼(運七氣三)'이라는 말이 있다. 같은 맥락으로 '운구기일(運九技一)'이라는 말도 있다.

반면에 이러한 운(運)을 완전히 부정하는 사람들도 많다. 불굴의 의지로 운명을 개척한 사람들은 이렇게 말하기도 한다.

"현대와 같은 과학 문명 시대에 운(運)이나 운명(運命) 따위가 어디 있느냐, 운명이란 개척하는 것이다!"

어떤 말이 맞을까? 현장에서 명(命)을 보고 운(運)을 논하는 동양학자의 입장에서 보면 운(運)을 믿는 것도 믿지 않는 것도 모두 맞는 말이다. 왜냐면 모두 자신의 인생에서 스스로 경험하고 깨달은 바를 말하기 때문이다.

동양학의 관점에서는 타고난 명(命)에서 부족한 것이 별들의 위치와 12절기에서 만나는 계절적인 기운, 사람, 땅, 음식의 기운(氣運) 등이 보완될 때 운이 좋아진다고 본다. 천기(天氣)가 좋아지면 동기감응의 법칙에 따라 귀인도 만나게 되고 좋은 방위도 알게 되고 좋은 약도 구하게 된다. 때문에 길운(吉運)일 때는 모든 일이 술술 풀리듯 좋은 일만 생기고 악운(惡運)일 때는 나쁜 일이 연달아서 몰아서 오는 것처럼 느끼게 된다.

그래서 운명이나 동양학을 전혀 모르는 사람도 행동하고 움직이다 보면 좋은 방위도 만나고 귀인도 만나게 되고 체질에 맞는 음식도 알게 된다. 많이 행동하고 움직일수록 자신의 부족한 기운에 무엇이 맞는지 알게 되고 그러다 보면 천기(天氣)의 운(運)을 보완할 수 있게 된다.

이러한 운(運)의 법칙을 알게 되면 결코 운(運)은 숙명처럼 다가오는 것만 있는 것이 아니고 행동과 의지로 인해 조절하고 만들 수도 있음도 알게 된다. 남들보다 두 배, 세 배, 네 배 움직이고 공부하고 행동하다 보면 어느새 자신의 타고난 명(命)을 보완할 수 있게 되는 것이다.

답답하고 일이 안 풀릴 때 가장 어리석은 것은 아무것도 안하는 것이다. 운명을 바꾸고 싶으면 동양학에 눈을 떠서 운(運)과 명(命)을 공부하든지 아니면 남보다 월등히 움직이고 행동해서 스스로 운을 보완해야 한다. 움직이고 행동하다 보면 운이 열린다는 말은 역학의 글자 중 역(易)이라는 글자를 자세히 들여다보아도 알 수 있다. 역(易)에는 '바꾸다, 쉽다, 변한다, 움직인다, 순환된다.'라는 뜻이 들어 있다.

다만 동양학에서 운의 원리를 알고자 했던 것은 시행착오를 줄이고 자신의 운명을 스스로 개척하고자 하는 의지에서 출발했다. 자신의 천기(天氣)를 알면 나아갈 때와 물러날 때를 알 수 있고 부족한 것은 지기(地氣)와 인기(人氣)로 채울 수 있기 때문이다.

우리가 흔히 행운(幸運)이라고 말하는 것은 천기에서 말하는 운로(運路)를 말한다. 그렇다면 역학에서 말하는 행운, 즉 길운(吉運)은 얼마나 들어올까?

일단 사주 명리학에서는 운의 흐름, 즉 천기(天氣)를 보통 네 가지로 표현한다. 대운(大運), 세운(世運), 월운(月運), 시운(時運)으로 나뉘는데 어떤 운도 악운이 계속 이어진다거나 길운이 계속 펼쳐지진 않는다. 쉽게 설명한다면 4계절의 흐름처럼 좋고 나쁜 것이 반복이 된다.

먼저 대운은 10년 단위로 나누어서 보는 대운법(大運法), 1년 단위로 보는 세운법(世運法), 한 달 단위로 보는 월운법(月運法), 1일 단위로 보는 일운법(日運法)이 있다. 그리고 하루를 12시간으로 나누어서 보는 시운법(時運法)이 있다. 각각의 행운법에는 3개 단위로 나눠서 보는 방합(方合)의 원리가 있다.

쉽게 말하면 아무리 좋거나 나쁜 대운이라도 해도 30년 단위를 못 벗어난다는 말이다. 나머지 운들도 마찬가지다. 이렇게 각각의 운의 법칙이 3의 법칙을 못 벗어나니 이 10년 대운이 안 좋아도 1년 단위 세운이 좋다면 또 다른 기회가 찾아온다. 또한 1년의 세운이 안 좋아도 월운이 좋다면 또 다시 기회가 찾아온다. 월운의 주기는 1년에 12번인데 이중에 적어도 3개월 이상은 좋은 운이 온다. 사계절과 비슷하게 월운의 흐름도

네 번의 주기가 있기 때문이다. 그리고 마지막으로 시운은 하루에 24시간 중에 또다시 여섯 번 정도는 좋은 기회가 찾아온다.

역학에서는 하루를 두 시간 단위로 12지지로 표현하고, 월운과 같이 계절이 순환이 되는 것처럼 변하기 때문에 하루에 적어도 몇 번의 기회가 오는 것이다. 더 리얼하게 표현한다면 인생에는 기회가 3번만 오는 것이 아니라 3,000번도 올 수도 있는 것이다.

기회를 가장 잘 잡는 방법이 있다. 나에게 다가오는 모든 시간이 기회를 가져다 줄 보물 같은 시간이니 삶의 매 순간 준비를 잘하는 것이다. 또한 하루에도 몇 번씩 다가오는 기회를 내 것으로 만들기 위해서는 절대적인 긍정적인 마음도 중요하다. 자신이 스스로를 포기하지만 않는다면 기회의 신 카이로스가 도망가기 전에 우리는 충분히 붙잡을 수 있을 것이다.

"뜻이 있는 곳에 길이 있다."는 말은 동양학자의 입장에서 보면 절대적인 진리다.

2

운의 법칙을 알고 전략을 펼쳐라

旺神沖衰衰神拔 衰神沖旺旺神發 (왕신충쇠쇠신발 쇠신충왕왕신발)
: 왕성한 세력을 따르면 길(吉)하나 거역하면 불길(不吉)하다.
— 『滴天髓(적천수)』

創業易守成難(창업이수성난)
: 어떤 일을 시작하기는 쉬우나, 이룬 것을 지키기는 어렵다.
— 『唐書(당서)』

수기(水氣)로써 성공을 잡았다

도널드 트럼프는 1946년 양력 6월 14일 오전 10시 40분 미국 뉴욕에서 태어났다. 그는 역학상으로 보면 극(尅)신왕(身旺)한 사주로 용신(用神)의 진위(眞僞)는 조후격으로 봐야 맞는 사주가 된다.

운의 흐름을 파악하기 위해서는 과거는 중요한 단서가 된다. 그의 과거에서 가장 안 좋았던 악운은 이렇다. 1991년 아틀란틱 시티의 '타지마할'을 당시 돈으로 십억 달러 넘게 빚더미에 올려 앉히고는 파산 신청을 한 것을 시작으로 다음해인 1992년 트럼프 플라자 호텔, 2004년 트럼프 호텔과 트럼프 카지노, 2009년 트럼프 엔터테이먼트 리조트에 이르기까지 모두 파산시켰다. 트럼프가 선거 기간 내에 가장 강력한 공격을 받았던 부분이 1991년부터 2009년까지의 운이다. 모두 토기(土氣)가 득세(得勢)하고 수기(水氣)가 약했을 때이다.

그가 은행에서 결정적으로 큰 신뢰를 잃게 된, 연쇄 파산의 신호탄이 됐던 타지마할 사건은 그의 나이 48세, 즉 명리학적으로 무술(戊戌)년 대운(大運) 마지막 말미였다. 무술년은 위아래가 전부 토(土)의 기운으로 이 기간이 10년이니 이때 어리석고 지혜롭지 못한 판단을 했음을 자명하게 보여준다. 그 뒤 49세부터 5년간도 계속 기토(己土)대운(大運) 악운의 흐름이었다.

그가 다시 사업에 성공한 것은 자신의 돈을 투자하지 않고 이름만 빌려주는 '네이밍 스폰서'와 '미스 USA'와 '미스 유니버스'를 소유하고 〈어프렌티스〉라는 리얼리티 쇼를 진행하면서 부터다. 필자가 이 부분을 자세히 언급한 것은 그는 정공법으로 하는 사업과 폐쇄적이고 보수적인 정통 사업에서는 모두 실패했지만 자유롭고 자신을 구속하지 않는 문화예술분야에서는 큰 성공을 거두었기 때문이다. 그가 성공했던 분야를 오행으로 논하자면 정확히 북방(北方)수(水), 물의 기운이다. 물은 고여서 순환되지 않으면 썩어버린다. 그래서 무역업, 서비스업, 문화방송예술의 분야도 물의 영역으로 본다.

그는 동양학의 기운의 법칙을 모르겠지만 자신의 운과 명에 필요한 수(水)의 기운을 잘 활용하고 있다. 트럼프가 힐러리와의 선거전에서 절대적으로 불리했던 처음의 상황을 뒤집어버린 것은 방송과 마케팅에 능한 트럼프 특유의 설득력이었다.

그가 썼던 유명한 캠페인 슬로건은 '미국을 다시 위대하게'였다. 이는 레이건 대통령이 썼던 슬로건으로 엄청나게 효과적이었다. 레이건은 미국에서 가장 존경받는 대통령이자 배우도 위대한 대통령이 될 수 있다는 뚜렷한 기억을 심은 인물이다. 트럼프의 이미지는 대통령과는 거리가 멀었는데 레이건과의 연관성으로 자신 같은 사람도 대통령이 될 수 있다는 인식을 심어준 것이다. 마케팅과 SNS, 방송 같은 미디어는 수기(水氣)에 속한다. 그가 가장 잘했던 호텔 서비스업도 수에 들어가고 무역이나 유통도 역학상 수에 들어간다. 모두 트럼프 스스로가 수기(水氣)를 잘 활용하고 있는 것이다.

트럼프는 이마, 광대뼈, 턱뼈 쪽은 툭 불거져 나온 대신 좌우 눈 부위와 볼 쪽의 살이 조금 빈약한 왕(王)자형과 아래턱이 강한 유(由)자형이 혼합된 얼굴이다. 오형(五形)으로 보자면 지극히 실속적이고 현실적인 금형(金形)을 나타낸다. 관상과 골살도 수기를 도와주는 금기(金氣)가 왕(旺)하게 드러났다. 금기(金氣)의 대표적인 성품은 냉정하고 실속적이며 싸움이 붙었을 때 결코 상대방에게 여유를 주지 않는다. 이런 트럼프의 성품이 전 세계를 상대로 무역전쟁에서도 적극 활용하고 있다.

사주학의 보전(寶典)인 『적천수』에서는 이렇게 말했다.

"왕신충쇠(旺神沖衰)이면 쇠신발(衰神拔)이고 쇠신충왕(衰神沖旺)이면 왕신발(旺神發)"

이는 왕성한 세력을 따르면 길(吉)하나 거역하면 불길(不吉)하다는 뜻이다. 왕성한 기운에 좌우되는 기운의 흐름을 논한 것이다. 이 문장은 명리학에서 용신(用神)을 논할 때 나오는 내용인데 비단 명리학에서 뿐만이 아니라 난세(亂世)때 쓰는 병법이나 오늘날의 정치판, 기업의 경영에서도 필요한 이론이다.

『손자병법(孫子兵法)』에 보면 어떤 일의 사안이 무르익을 때까지 참고 기다렸다가 시기가 나의 세력(勢力)이 왕성(旺盛)하게 되면 그 기세(氣勢)를 따라서 신속히 움직이라고 나온다.
병법에서는 이를 신속계(神速計)라고 한다. 기회가 왔을 때 신속하게 움직이라는 병귀신속(兵貴神速)의 이치를 가장 잘 따랐던 역사 속의 인물에는 몽골의 칭기스칸과 프랑스의 나폴레옹이 있다.

칭기스칸은 당시 몽골군을 전원 기병으로 두면서 최고의 속도를 자랑하는 군단이었다. 몽골 기병은 전체 군사의 40퍼센트를 중기병, 나머지 60퍼센트를 경기병으로 구성했다. 당시 몽골 기병의 활은 유럽의 활과 비교해 무게는 가벼우면서도 화력은 훨씬 뛰어났다. 몽골군은 장단거리 활을 이용한 경기병 공격이 끝나면 중기병을 내보냈다. 적의 방어벽이 무너지고 틈이 보이기 시작할 즈음에 승세(勝勢)가 보이면 대략 3.6미터 길이의 창으로 무장한 중기병이 돌격전을 펼쳐 결정타를 날리는 수법을 구사한 것이다.

유럽을 제패한 나폴레옹도 칭기스칸처럼 승세가 보일 때 신속히 그 기운을 타서 상대방을 섬멸하기 위해 프랑스군의 진군 속도를 1분에 120보 정도로 훈련시켜 적군보다 거의 2배나 빨리 진군하게 만들었다. 그래서 프랑스군은 승세를 보면 신속하게 화력을 집중시켜 승리를 했다.

트럼프가 현재 쓰고 있는 방법이 강력한 미국의 힘을 바탕으로 왕성(旺盛)의 기운을 활용한 신속계를 쓰고 있다. 트럼프는 자신과 무역전쟁을 하는 상대국에 시간과 여유를 주지 않는다. 자신이 원하는 것을 들어주지 않으면 가차없이 경제와 국방력으로 공격을 한다.

『손자병법』의 「허실(虛實)」편은 전쟁에서 주도권을 잡는 병법을 논하는 장(章)이다. 허(虛)는 빈틈을 의미하고 실(實)은 충실함을 뜻한다. 그러니

실(實)은 준비 있는 것이고 허(虛)는 준비 없는 것이다. 「허실」편에서는 전투에서 승리하는 비결로 아군의 실(實)로써 적의 허(虛)를 치는 것이라고 말하고 있다. 아군의 실(實)로써 적의 허(虛)를 치는 이 전략 전술은 오직 적을 조종하고 적에게 조종되지 않는 것을 설명하고 있다.

현대 용어로 표현한다면 항상 전쟁의 주도권을 아군이 잡아 갖고 피동(被動)의 위치에 빠지지 않는 것이다. 아군이 항상 주도권을 장악하고 있으면 아군의 허실(虛實)이 적에게 이용되기 전에 아군이 선수를 써서 적의 허(虛)를 치고 실(實)을 피하는 전략으로 아군의 주관대로 싸움을 주도해갈 수 있는 것이다.

트럼프는 사업가인 아버지를 이어받아 어렸을 때부터 실리를 바탕으로 수없이 많은 거래와 선택을 해본 실전 경영이론을 바탕으로 어떤 나라와도 협상을 할 때 결코 손해 보지 않는 능수능란한 협상으로 항상 주도권을 쥐고 있다.

이런 트럼프를 비난하는 많은 세력과 언론들이 있다. 하지만 만약 트럼프처럼 '닥치고 공격'의 수단을 쓰려면 지금과 같은 속전속결에 상대국이 준비하기 전에 전략을 펼치는 것도 어떤 면에서는 잘 하고 있는 것이다.

무용(無用)의 정(情)

'송양지인(宋襄之仁)'은 『십팔사략(十八史略)』에 나오는 일화인데 송나라의 양공이 정(鄭)나라로 쳐들어갔는데 구원하러 온 초(楚)나라 군대와 하남성의 홍수를 사이에 두고 대치한 때의 일이다.

초나라 군대가 강을 건너는 것을 보고 송나라의 목이가 양공에게 진언했다.

"공격하려면 이때입니다."
"아니 된다. 군자는 상대의 약점을 치고 들어가지 않는다."

양공은 거절하고 초나라가 군대가 강을 무사히 건너고 진을 칠 때까지 기다린 후 쳐들어갔다. 결과는 어찌 되었을까? 송나라 군대는 대패하여 양공은 부상을 입고 다음해 그 부상이 원인이 되어 사망했다.

이 일화는 '무용(無用)의 정(情)', 즉 "불필요한 인정을 베풀다가 오히려 심한 타격을 받는다."는 내용이다.

아마 트럼프는 송나라의 양공 같은 사람을 보면 천하의 얼간이라고 놀릴 것이다.

트럼프는 공공연히 말한다. "논리 따위 개나 주고 철저하게 원하는 걸

얻는다." 그의 행보의 옳고 그름을 놔두고 기운의 관점에서 보면 그는 철저히 자신의 타고난 천기의 장점을 잘 이용하고 부족한 것도 잘 채우면서 현재는 세계 최고의 강대국인 미국의 대통령까지 됐다.

하지만 그가 조심할 것은 '지나치면 부족한 것만 못한다.'는 말이 있듯이 그의 강경 일변도는 여러 가지 부작용을 낳는다. 다가오는 재선(再選)이 되는 2020년의 미국의 대선(大選) 때는 그의 운(運)이 너무나 지나치게 강하게 하는 왕수(王水)의 해이다. 그는 운(運)이 약하거나 강할 때 항상 관재수(官災數)를 상징하는 소송과 다툼이 따른다. 그의 개성과 적극적인 성품이 독선과 아집으로 바뀔 수가 있는 해이기 때문이다.

스스로를 돌아보고 주변과 화합하지 못하면 재선에는 어려움이 따른다. 왜냐하면 그의 대운(大運)이 72세부터 76세까지 축토(丑土)이고 재선이 되는 바로 다음해가 또 축토(丑土)의 해가 시작되기 때문이다. 축토(丑土)는 그의 년(年), 월(月), 일(日)과 모두 살(殺)로써 부딪힌다. 운로(運路)에서 가장 중요한 것은 부족하거나 넘침이 없는 중화(中和)가 핵심이다. 트럼프는 더 겸손해야 되고 재선을 하기 위해서는 다가오는 운(運)의 흐름을 대비해야 한다.

운의 기술

3

건강과 마음, 운은 이어져 있다

勤爲無價之寶(근위무가지보), 愼是護身之符(신시호신지부)
; 부지런함은 값으로 따질 수 없는 보배요,
진중함은 몸을 보호(保護)하는 부적(符籍)이다.
—『明心寶鑑(명심보감)』

가장 쉽게 운기(運氣)를 파악하는 법

일반 사람들은 운로(運路)의 흐름을 파악하기 힘들기 때문에 결정적일 때 나아가고 물러남에 있어서 어려움을 겪는다. 가장 쉽게 운기(運氣)를 파악하는 법, 가장 쉽게 좋은 기운을 만드는 방법은 무엇일까. 바로 현재의 내 건강 체크를 하면 운기를 파악할 수 있고 건강 회복을 하면 가장 쉽게 좋은 기운을 만들 수 있다.

운(運)이 나빠지면 가장 먼저 반응이 오는 것은 감정의 변화다. 괜히 우울해지고 자신감이 결여되고 판단력이 흐려진다. 그리고 운이 더 나빠지면 건강에 문제가 온다. 그러니 자신이 갑자기 감정이 컨트롤이 안 되고 몸이 나빠지면 올바른 판단과 현명한 지혜가 사라지게 된다. 올바른 판단력이 사라지면 당연히 살아가면서 순간의 선택을 할 때 잘못되고 후회되는 선택을 한다. 잘못된 선택은 불운한 현실을 창조한다. 이것이 쌓이면 인생에서 악운(惡運)이었다는 과거가 되는 것이다.

조선시대 말 이제마(李濟馬)선생 또한 이러한 음양오행의 기본을 바탕으로 사상의학(四象醫學)을 탄생시켰다. 그의 저서『동의수세보원(東醫壽世保元)』에 보면 타고난 음양오행의 기운으로 사상체질이 결정되고 사상체질로 인해서 생긴 감정의 변화가 모든 병의 근원임을 밝히고 있다.

『동의수세보원』에 보면 이런 글이 있다.

"호연의 기운은 간장, 폐, 비장, 신장에서 나오고 호연의 이치는 마음에서 나온다. 인의예지(仁義禮智)같은 사장의 기운을 넓혀서 채운다면 호연의 기운은 여기에서 나올 것이요, 비박하고 탐나한 마음의 욕심을 분명하게 가려낸다면 호연의 이치는 여기에서 나오는 것이다."

이는 오행의 기운이 인체의 기로 적용되어 감정을 만들고 그 감정의 조절이 중요함을 말한다.

오행의 기운이 감정에 작용하는 것을 구체적으로 표현하면 다음과 같

운의 기술

다. 목(木)의 기운이 감정으로 표현될 때는 기뻐하는 기운은 내려가고 노여워하는 기운은 위로 상승한다. 화(火)의 기운은 열정적인 기운은 위로 상승하고 소극적인 기운은 내려간다. 토(土)의 기운은 즐거워하는 기운은 밑으로 내려가고 불안한 기운은 상승한다. 금(金)의 기운은 슬퍼하는 기운은 곧게 오르고 담담한 기운은 내려간다. 수(水)의 기운은 안정된 기운은 내려가고 산만한 기운은 상승한다.

이러한 오행의 조화가 운기(運氣)에 따라서 감정과 구체적으로 연결되어 신체의 작용으로 나타난다. 타고난 음양오행을 연구한 것이 한의학이고 명리학이다. 그래서 많은 한의학자들이 명리학에도 조예가 깊다. 또한 운명을 연구하는 명리학자들이 한 사람의 명(命)을 감정할 때 항상 건강을 같이 연관하여 설명해주는 경우도 많다. 건강이 곧 감정이고 감정은 운명을 결정하는 중요한 요소이기 때문이다.

제 목숨을 두 번 살리셨네요

상담을 받은 사람 중에 필자가 자신의 목숨을 두 번 구해줬다고 말하는 분이 있다. 그분이 처음 상담하러 왔을 때는 악운(惡運)의 막바지에 와 있었다.

사업을 물어보러 온 그에게 나는 말했다.

"지금 사업이 문제가 아닙니다."

"네, 사업가한테 사업보다 더 중요한 것도 있나요?"

"건강을 잃으면 돈이 무슨 소용입니까?"

그의 표정이 심각해졌다.

"저는 감기도 걸리지 않는 건강 체질인데 제 건강에 무슨 문제라도 있나요?"

"이미 작년부터 병의 씨앗이 들어갔습니다. 지금 병원에 가면 늦지 않으니 빨리 가셔서 전체적인 건강 체크를 해보십시오."

그는 가려고 일어서다가 다시 앉으며 물었다.

"그런데 어디가 안 좋다는 것도 나옵니까?"

"중앙(中央)토(土)와 연결된 소장(小腸) 부위와 북방수의 영역인 직장, 항문, 비뇨기계입니다."

그는 그렇게 돌아갔고, 정확히 3주 뒤에 다시 왔다.

"선생님 덕분에 제 목숨이 살아났습니다."

"네?"

"그때 검사해보라는 부분을 집중적으로 봤는데 글쎄 제 직장에 초기 암세포가 자라고 있었답니다. 이것을 발견한 의사가 이 정도의 암을 발견하기는 정말 힘든데 저에게 정말 운이 좋다고 하더라고요."

필자는 잘되었다며 이제는 악운이 끝나는 시기이니 몸 관리만 잘하시면 사업도 잘 풀릴 것이라고 해주었다. 실제로 그는 그 뒤로 사업이 순탄하게 잘 풀려서 한 동안 오지 않았었다. 그 뒤 몇 년 후 필자에게 다시 왔던 그는 얼굴이 굳어 있었고 표정이 어두웠다.

"요즘에 기분이 정말 안 좋습니다. 입찰이 계속 안 되고 저를 밀어주던 강력한 사람들이 자리에서 다 밀려나서 답답해서 왔습니다."

"지금과 같이 기분이 안 좋았을 때가 언제부터였습니까?"

"작년 말부터였습니다."

나는 그에게 단도직입적으로 말했다.

"그때부터, 사업 운이 안 좋았군요."

"네, 맞습니다. 그때부터 사업이 더 안됐습니다."

"저번처럼 심각한 것은 아닌데, 다시 병원에 가보세요."

"네? 또 몸이 안 좋나요?"

"사장님은 유독 감정의 변화가 건강과 연결되어 있어서 그렇습니다. 이번에는 중앙토 부위인 위, 대장 부위만 집중적으로 해보십시오."

옛날에 한번 놀랐던 적이 있는 그는 바로 나가서 진단을 받았다. 그리고 4주 뒤 과일상자를 들고 다시 왔다.

"이번에도 저를 살리셨네요. 이번에는 대장에서 암으로 번질 수 있는 용종 4개를 제거했습니다. 선생님이 제 생명의 은인이십니다."

연신 머리를 굽히는 그에게 이번에는 길운(吉運)이 들어오려면 아직 멀었으니 마음을 비우고 건강에만 신경 쓰라고 보냈다. 이분은 유독 건강과 운이 연결된 분이었지만 많은 사람들이 운이 나빠지면 감정이 우울해진다. 그리고 건강이 나빠진다. 건강이 나빠지면 운이 이미 악운(惡運)의 길로 들어선 것이다.

일단 운이 나빠지기 시작하면 자신이 하고 있던 일이 마음대로 안 될 때가 많다. 또한 평소에 잘하던 일도 엉뚱하게 해서 일을 그르치는 경우도 있다. 당연한 일이 이상하게 꼬이고, 잘 나가던 사업이 갑자기 성장이 멈추거나 의외의 사건이 생기게 된다. 예상치 못한 사고나 법적인 문제

운의 기술

도 생기게 된다. 이러한 일들이 연달아서 일어나기 시작하면 자신의 운로가 악운(惡運)으로 가고 있다고 생각하면 된다. 악운의 흐름으로 들어가게 되면 건강도 나빠질 수 있으니 병원에 가서 진단도 받아보고 몸을 잘 챙겨야 한다. 건강을 잃어버리면 좋은 길운(吉運)이 와도 그것을 활용하기가 힘들기 때문이다.

이렇듯 동양학에서 감정이란 두뇌나 어느 특정 부위가 담당하는 영역이 아니다. 인체의 모든 오장육부와 연결되어 발현되는 증상을 볼 수 있는 부분이다. 기분이 좋다는 것은 오장육부의 상태가 좋음을 뜻한다. 기분이 나쁠 때는 오장육부의 상태가 많이 지쳐 있고 안 좋은 상태에 있다는 것이다.

운명(運命)을 다스리고 싶다면 감정을 다스려야 하고 감정을 다스리려면 우선 건강부터 챙겨야 한다. 건강을 잘 챙기는 것이 스스로 운을 좋게 하는 가장 확실하고 빠른 방법이다.

무하마드 알리

세 번이나 세계 헤비급 챔피언에 등극한 유일한 복싱 선수인 알리는 통산전적 61전 56승 5패라는 기록을 세웠으며, 스스로를 '나비처럼 날아서 벌처럼 쏜다.'라는 말로 비유한 것으로 유명하다. 그는 1942년 양력 1월 17일 미국 켄터키 루이빌에서 태어나서 2016년 양력 6월 3일 사망했다. 알리는 모든 스포츠인들이 최고 영웅으로 불렀고 유색 인종의 인권 신장에 많은 기여를 한 스포츠인이다. 그는 위대한 복서일 뿐 아니라 인권 운동가, 반전 운동가로도 불렸다.

역학상으로 그의 인생을 풀어보면 추운 겨울에 태어난 경금(庚金)일주(日柱)로 동방(東方)목(木)의 기운과 남방(南方)화(火)을 반기는 사주다. 그의 전성기는 대운에서 24세부터 15년간이었다. 그때 운이 남방(南方)화(火)의 기운을 받았다. 그가 결정적인 승리를 거두었을 때의 운을 살펴보면 역시 천기(天氣)의 도움이 컸음을 알 수 있다.

1964년 소니 리스턴에게 7회 KO승을 거두고 세계 헤비급 챔피언이 됐을 때는 목(木)의 운이었다. 1967년 세계 권투협회(WBA) 챔피언인 어니 터렐을 상대로 15회 판정승을 거둠으로써 전 세계 사람들로부터 진정한 챔피언으로 인정받게 됐는데 그 해는 화(火)의 운이었다. 1974년 세기의 대결이었던 조지 포먼과 타이틀전에서 8회에 KO승을 거두고 자타가 공인하는 진정한 세계 헤비급 챔피언이 되었다.

이렇게 세계 최고의 챔피언도 그의 대운이 끝나는 1980년에 래리 홈스와 트레버 버빅과의 재기전에서 모두 패한 후 은퇴한다. 그때가 서방(西方)금(金)의 기운이었다. 그리고 대운이 천간합(合)으로 물(水)을 만드는 44세 대운이 시작되는 1984년에 '펀치 드렁크' 증후군 또는 만성 복서 뇌증 등 복합적인 일련의 증상으로 파킨슨병이 발병했다.

인종 차별이 심했던 당시에 세계 챔피언까지 지낸 알리는 링 위의 음유시인이라고 불릴 정도로 많은 명언을 날렸다. 그의 명언이 그의 인생이다.

"곰팡이가 핀 빵에서 페니실린이 만들어질 수 있다면, 당신 안에서도 무엇인가가 만들어질 수 있다."

"불가능, 그것은 아무것도 아니다. Impossible is nothing."

4

부분보다 전체를 보라

見利而忘其眞(견리이망기진)
; 눈앞의 이익에 사로잡히게 되면 자기의 참된 처지를 망각하게 된다.
ㅡ『莊子(장자)』

이익을 찾으면 오히려 불행을 초래한다

장자(莊子)가 숲에서 사냥을 즐기는데 남쪽에서 이상하게 생긴 까치 한 마리가 날아왔다. 까치는 장자의 머리 위를 스치듯 날더니 근처 밤나무 숲에 내려앉았다.

"거참, 묘한 새일세, 큰 날개가 있으면서도 잘 날지를 못하고 큰 눈이 있으면서도 잘 보지 못하다니."

이렇게 중얼거리던 장자는 소매를 걷어붙이고 밤나무 숲에 들어가 까치를 겨냥하여 활을 당기려고 했다. 그런데 까치가 나뭇잎 그늘에 있는 사마귀를 노리고 있다는 사실을 알았다. 그리고 사마귀는 시원한 나무

272   운의 기술

그늘에서 울고 있는 매미를 노리고 있었다. 사마귀와 까치는 먹이에 정신이 팔려 자기에게 다가오는 위험은 눈치 채지 못했다.

"먹이를 노리면 먹이가 된다. 이익을 찾으면 오히려 불행을 초래한다. 거참, 무서운 일이로고."

이렇게 자문하면서 숲을 나오려는데 그 밤나무 숲 관리인에게 도둑으로 몰려서 큰 곤욕을 치렀다. 장자 또한 사냥에 정신이 팔려 자신의 위험을 감지하지 못했던 것이다. 장자는 그 후 3개월 동안 방에서 칩거하며 큰 깨달음을 얻었다고 한다.

실전에서 상담을 하다 보면 위와 같이 전체적인 상황을 보지 못하고 눈앞의 이득이나 쾌락에 빠져 불운(不運)의 늪에 처한 사례가 많다.

어느 날 오후 늦게 필자를 찾아온 40대 중반의 여성은 모성애가 강하고 가정을 중요시하는 사주였다. 문제는 남편이었다. 사주를 보니 남편은 전형적인 한량 사주에 도덕성과 책임감이 없고 음기(陰氣)까지 강해서 여자 문제도 보였다. 이런 사주들의 특성은 본능적으로 하고 싶은 것을 꼭 하지 않으면 못 견딘다는 것이다. 그러나 남편의 입장에서는 지금의 부인이 귀인(貴人)이요 구원자 같은 사주였다. 그 여자분이 수년 전 처음 방문했을 때는 이렇게 물었다.

"남편이 나쁜 사람은 아닙니다. 자신도 뭔가 열심히 하려고 하는데 일이 안 풀려서 저도 안타까워요. 지금 이렇게 방황하고 있는 거죠? 우리 남편이 언제쯤 풀릴까요?"

최대한 긍정적이고 어떻게든 남편과 살아보려고 최선을 다했다. 그러나 이후 외국에서 도박 사업을 한다고 무작정 돈을 빌려오라고 했다고 한다. 있는 돈, 없는 돈을 모두 밀어줬으나 그 돈을 다 날렸을 때, 그녀는 필자에게 두 번째로 찾아와 이렇게 말했다.

"그래도 외국에서 몸을 안 다치고 건강한 것만 봐도 다행이죠. 돈은 또다시 벌면 되니까요. 우리 남편이 언제쯤 풀릴까요?"

항상 이렇게 남편이 어떤 잘못을 해도 이해하려고 했고 남편에게 희망을 버리지 않았다. 필자는 올 때마다 이 사람은 결코 사업으로 돈을 벌 수 없으니 이제는 돈을 절대로 밀어주지 말라고 해도 그래도 아이들 아빠고 남편이니 자신은 최선을 다한다고 했다. 그런데 올 초에 필자를 방문한 그녀는 지금의 남편과 이혼하려고 상담을 하러 왔다.

"결혼 후 지금까지 단 한 번도 생활비를 갖고 간 온 적이 없어요. 그래도 아이들 아빠이기도 하니 저도 어떻게든 살아보려고 최선을 다했어요. 그런데 최근에 여자를 만나고 사귀는 것 같아요. 저한테 이혼을 요구하더니 위자료까지 요구하네요. 집을 살 때 남편이 자기 앞으로 해달라고 해서 떼를 쓰는 바람에 해줬더니 그 집을 팔아서 절반을 자기를 주래요. 정말 짐승만도 못한 인간이에요."

그녀는 이제는 독한 마음을 먹고 있었다. 남편의 사주는 결혼할 때부터 10년간 자신의 인생에서 가장 좋은 대운(大運)이었다. 가장 좋은 운에 부인을 만나고 귀한 자식까지 얻어서 가장까지 되었는데 올해로 그 운이 끝난다. 이제 악운(惡運)의 흐름으로 들어가니 우선 눈앞에 쾌락과 탐욕의 늪 속으로 스스로 빠져들어가려고 발버둥을 치는 것이다.

만약, 그 남편이 필자를 방문했다면 이렇게 말했을 것이다.

"당신은 지금 운(運)이 나빠서 한 치 앞도 못 보고 있습니다. 지금 빨리 부인에게 잘못을 구하고 이혼은 하지 마세요. 지금 부인 것을 다 뺏어가도 당신은 몇 년도 못 가 돈 잃고 가정 잃고 건강도 잃게 될 겁니다."

2년 전에 촛불혁명을 유발했던 '최순실'의 국정농단 사건, 글로벌 엔터테이먼트인 'YG 엔터테이먼트'의 주가를 폭락시킨 '승리게이트' 등도 모두 자신들의 몸이 불에 타들어갈지 모르고 불속에 뛰어드는 불나방처럼 순간의 쾌락과 즐거움에 눈이 멀어 자신들이 쌓았던 모든 것을 잃어버린 불행한 사건들이다.

하지만 이렇게 안 좋은 것에 빠져서 전체를 잃어버린 사례만 있는 것이 아니고 세상에서 말하는 좋은 것에 지나치게 빠져도 모든 것을 잃어버린 사례도 많다. 가령, 공부나 학습에 지나치게 빠져 있는 젊은이들을 보자. 이들은 젊은 날에 사랑도 못해보고 모험과 도전을 잊은 채 집안의 방안퉁수가 되어버린다. 또한 가족들을 위해 돈벌이에만 너무 치중하는 바람에 방치된 가족들로 인해 이별을 당하거나 가정파탄이 나는 사례도 많다. 모든 것을 다 걸어서 당선(當選)에 등극했던 정치인들도 파산이나 관재수(官災數)에 휘말려 집안이 망하거나 감옥에 들어가게 되는 경우도 많다.

음양화평지인(陰陽和平之人)

항상 중심을 잡고 한곳에 집착하지 않고 부분이 아닌 전체를 보고 현재를 조화롭게 살아가는 사람을 역학(易學)에서는 음양화평지인(陰陽和平之人)이라고 한다. 현재에 충실하고 현재에 집중하며 산다는 것이 그렇게 쉽지 않음을 알 수 있다.

운의 기술

'도가 지나치다.'라는 말은 한자어 과도(過度)에서 나온 말이다. 기본적인 법과 상식을 넘어설 때 주로 쓰는 말이다. 우리가 살아가면서 도가 지나치게 중독이 되거나 어떤 것에 빠지면 기운이 흐트러지고 병이 오며 인생 전체에서 문제가 일어난다.

BC 200년경에 만들어진 『황제내경(黃帝內徑)』에도 인간이 도가 지나치면 나타나는 여러 가지 폐해에 관한 황제와 기백에 관한 내용이 나온다.

황제가 기백에게 물었다.

"내가 들으니 옛날 사람들은 나이가 백 살이 넘었어도 행동이 나이든 사람 같지 않았다고 하는데, 지금 사람들은 나이가 쉰 살만 넘어도 벌써 움직임이 민첩하지 못하더라. 왜인가?"

그러자 기백이 답했다.

"옛날 사람들은 모두 양생(養生)의 도리를 잘 알고 천지의 변화를 본받아 그대로 따랐고 정기를 조절하는 법도 잘 이해하고 있었습니다. 그러나 지금 사람들은 술과 음료를 무절제하게 마시고 편한 것만 좋아하고 술을 마신 후에 멋대로 성교하고 쾌락을 추구하는 향락을 즐기기 때문입니다."라고 말을 한다.

마치 요즘 사람 사람들의 병폐를 논하는 것 같다.

『황제내경소문(黃帝內徑素問)』의 「사기조신대론」편에도 사람은 자연의 도리를 잘 따를 때 건강해진다는 글귀도 있다.

"여름의 건강관리법을 보면, 여름 3개월은 번수(番秀)라 하니, 천지의 기가 교류하여 만물이 꽃이 피고 열매를 맺게 되니, 밤늦게 자고 아침 일찍 일어나 일광과 친하게 지내고 노하지 말아서 심기가 화창하게 하고 기운이 잘 소통되도록 하여 기운이 정체되지 않도록 할 것이니 이것이 여름에 적용되는 양생의 법칙이다."

우리의 인생이나 건강은 어느 한 쪽에 치우치지 않고 항상 중심을 잡을 때 음양화평지인(陰陽和平之人)이 된다.

중국의 고대 제왕들은 기기(攲器)라는 신기한 그릇을 두고 중화의 도를 마음에 새기고 살았다고 한다. 이 기기는 흐르는 물을 받는 그릇의 일종으로, 물이 적으면 기울어지고 알맞게 괴면 반듯하게 놓이고, 가득 차게 되면 엎어지게 만드는 기구였다. 즉, '텅 비면 기울고, 적당하면 바로 서고, 가득 차면 엎어진다.'는 중화의 진리를 가슴에 새겼던 것이다.

운의 기술

5

공공의 이익을 생각하라

有大德 享百福(유대덕 향백복)
: 큰 덕을 베풀어야 온갖 복을 누린다.
—『昔時賢文(석시현문)』

대용인(大勇人)과 소용인(小勇人)

대용약겁(大勇若怯)이라는 말이 있다. 대의(大義)를 위해 자신을 희생할 수 있는 용기가 있는 사람을 옆에서 볼 때는 답답해 보이거나 실속이 없어 보일 수도 있다. 하지만 자신의 사사로움을 버리고 대의를 가진 대용인(大勇人)은 세상을 움직이는 힘이 있다.

슈바이처는 아프리카 오지에서 의료 봉사를 하며 '밀림의 성자(聖子)'로 불리며 희생과 봉사의 삶을 살았다. 간디는 죽을 때까지 인도인의 자유를 위해 자신이 직접 '비폭력'의 상징이 되었다. 이들은 개인적으로는 재산을 축적하거나 대단한 권력을 가지진 못했지만 그들로 인해 세상은 바뀌었고 그들의 뒤를 잇는 수많은 자원봉사자와 자유를 위해 권력에 맞서는 민주 투사들이 수없이 생겨났다.

자연의 법칙상, 세상에 양지(陽地)만 있을 수는 없다. 철저하게 자신만의 이익을 위해서 살아가는 소용인(小勇人)들도 많다. 그들은 자신의 이익을 위해 물불을 안 가린다. 독재자, 비리 정치인, 악덕 기업인 같은 이들은 눈앞의 이득을 취했어도 역사의 이름 앞에 지탄받는 존재로 남아 있다. 앞만 바라보고 욕심만으로 살았기 때문이다.

『논어』에서는 이렇게 말했다.

"자기가 서고자 하면 먼저 남을 세우고, 자기가 이루고자 하면 남을 먼저 이루게 하라."

내가 원하는 것은 다른 사람도 원하고 더 나아가서 사회 전체가 필요로 한다. 반대로 내가 싫어하는 것은 다른 사람도 싫어하는 것이기에 절대로 강요해서는 안 된다.

매사 자신만을 생각하는 사람은 작은 지혜를 얻지만, 자신보다 남을 먼저 생각하는 사람은 큰 지혜를 얻는다. 또한 사랑과 용서하는 마음으로 사람들을 대하면 나 또한 똑같이 타인에게서 연민과 용서를 받으며 화합을 이룰 수 있다.

동양학에는 절대적인 진리가 있다. '동기감응(同氣感應)'이라는 법칙이다. 같은 기운(氣運)은 서로 끌어당긴다는 말이다. 유유상종(類類相從)도

같은 말이다. 『주역(周易)』의 「계사(繫辭) 상(上)」편에도 '방위유취(方以類聚) 물이군분(物以群分) 길흉생의(吉凶生矣)'라는 글이 있다.

이는 "삼라만상은 그 성질이 유사한 것끼리 모이고, 만물은 무리를 지어 나뉘어 산다. 거기서 길흉이 생긴다."라는 뜻이다.

이러한 원리를 알게 되면 결코 사사로운 욕심으로만 세상을 살아갈 수가 없다. 더 큰 부자가 되고자 더 많은 공공의 이익에 눈을 돌리게 된다. 더 큰 사랑을 받고자 더 많은 대중에게 큰 사랑을 주게 된다. 세상을 덮는 큰 평화를 원한다면 자신의 가정만 돌보는 것이 아니라 아닌 국제적인 봉사활동을 다니게 된다. 결국 내 안에 부귀영화가 있어야 부귀를 누릴 수도 있고 만질 수도 있다. 성공하고 싶다면 자신의 내면에 성공의 생각을 심어야 한다. 이것은 자연의 법칙이자 음양의 진리이다.

인과(因果)와 업장(業障)의 법칙

붓다는 이렇게 말했다.

"우리의 현재 상태는 모두 지금까지 우리가 생각해온 것의 결과이다."

붓다의 말에는 불교의 핵심 교리인 '뿌린 대로 거둔다'는 인과(因果)와 업장(業障)의 법칙, 동기감응(同氣感應)의 법칙이 그대로 담겨 있다. 이는 역학에서 말하는 음양의 법칙과도 일맥상통한다.

음양(陰陽)의 개념은 어디까지나 상대적인 개념이고 원인과 결과의 법칙이다. 가령 하늘이 양(陽)이라면 땅은 음(陰)이다. 밝은 것이 양이라면 어두운 것은 음이다. 시간이 양이라면 공간은 음이다. 원인 없는 결과가 없다는 인과의 법칙을 운명학적으로 쉽게 설명하면 이렇게 표현할 수 있다.

'마음속에서 생각하고 있는 모습 그대로가 바로 현재의 그 사람이고 인생이다.'

즉 생각이 음이고 현실이 양인 것이다.

모든 식물이 씨앗에서 싹이 트고 자라나는 것처럼, 사람의 행동이나 인생 또한 내면에 품은 '생각'이라는 씨앗에서 싹튼다. 그 씨앗이 없으면 아예 생기지도 않는다. 이런 말에 대해서 부정하는 사람들도 있다.

"나는 항상 부자가 되고 싶고 큰 명예를 갖고 싶은 생각밖에 안했는데 왜 나는 아직도 가난한가?"
이런 사람은 자신이 의식적인 생각이 아니라 무의식에 깊게 박혀 있는 진짜 생각이 무엇인지 알아야 한다. 부자가 되고 싶다고 의식적으로 생각하고 입으로는 부자가 되고 싶다고 말하지만 현실에 찌든 나머지 무의식에 자신은 절대로 부자가 될 수 없다는 믿음이 강하게 형성되어 있을 수도 있다. 그래서 인과의 법칙을 제대로 이해하기 위해서는 의식과 무의식의 법칙도 제대로 이해를 해야 한다. 생각의 꽃은 행동이며 기쁨과 고통은 생각의 열매인 것을 알아야 한다. 의식적으로나 무의적으로 의지력을 가지고 자신의 생각을 조정해야 한다.

사랑에 충만한 생각을 하며 살아가는 사람은 모든 사람 안에서 진정한 사랑을 주고받으며 산다. 자기 내면의 신성을 깨달은 사람은 모든 생명 안에서 신성을 알아본다. 반면 의심이 많고 거짓말 하는 사람은 누구도 믿을 수 없다. 항상 주변에 사기꾼이나 거짓말쟁이만 모인다. 구두쇠는 모든 사람들이 자신의 돈을 탐내고 있다고 믿는다.

개인을 이익을 넘어 공공의 이익을 생각하게 되면 자신이 받을 수 있는 복보다 훨씬 큰 복을 스스로가 받을 수가 있다.

더 큰 것을 받고자 하고 더 많은 것을 얻고자 한다면 개인의 욕심을 버리고 공공의 이익을 생각해보라. 생각지도 못한 많은 것을 얻을 수 있을 것이다.

6

항상 겸손하고 용서하라

겸손한 자만이 다스릴 것이요, 애써 일하는 자만이 가질 것이다.
– 랄프 왈도 에머슨

60억분의 1

전설적인 한 격투가가 있다. 그는 10년 동안 28연승이라는 무패의 행진으로 러시아의 영웅으로 통했던 표도르 예멜리야넨코다. 그의 별명은 '60억분의 1의 사나이'이다.

그는 1976년 9월 28일에 러시아에서 태어났다고 한다. 종합격투기계의 황제로 불렸던 사나이로서는 조금 독특한 특징도 있다. 바로 취미가 동화 그리기라는 것, 러시아 정교의 독실한 신앙인이라는 것, 그리고 채식주의자라는 것이다. 그의 사주를 보면 부드러운 음(陰)의 수(水)인 계수(癸水)일간, 순수함과 자존심의 대명사인 편관(偏官)의 지지(地支), 월령에 외골수적인 편인격(偏印格)을 받아서 이러한 취미나 그의 성품이 한눈에 들어왔다. 이런 그가 10년간 무패 행진을 해오다가 한 체급 아래 선수에게 허무하게 무너졌다.

    역사를 보면 표도르와 같이 무소불위(無所不爲)의 권력과 영화를 누리다가 하루아침에 그 모든 것을 잃는 인물과 사건을 많이 볼 수가 있다. 특히 최초로 중국을 통일시킨 진시황(秦始皇)은 권력의 화신이었다. 스스로 덕은 삼황(三皇)보다 아래고, 공적은 오제(五帝)보다 높다고 하여 자신의 칭호를 왕에서 황제로 바꾸었다. 그리고 첫 번째 황제이므로 '始(처음 시)'를 써서 자신을 시황제(始皇帝)라 하였고, 아들을 이세(二世) 황제 그 다음을 삼세(三世) 황제라 하여 자자손손이 이어지기를 바랐다.

    그뿐만 아니라 이사(李斯)에게 명하여 천하의 명옥(名玉) 화씨지벽(和氏之璧)에 수명우천(受命于天) 기수영창(旣壽永昌), 즉 '하늘에서 명을 받아 영원히 번창한다'라고 새겨진 옥새를 만들었다. 하지만 이처럼 기세등등하던 진시황의 왕조는 이세(二世) 황제인 호해(胡亥)에 이르러 2대 15년 만에 끝을 내리고 말았다.

    '人無十日好(인무십일호)요 花無十日紅(화무십일홍)인데 月滿卽虧(월만즉휴)이니 權不十年(권불십년)이라.'

    이는 '사람이 좋은 일은 10일을 넘지 못하고 붉은 꽃의 아름다움도 10

일을 넘지 못하는데 달도 차면 기울듯이 권력 또한 10년을 넘지 못한다.'
라는 말이다. 눈앞의 욕심과 현재라는 즐거움의 망상에 빠져 있을 때 문
득 경종을 울려주는 좋은 문구이다.

우리는 현실에서 부귀영화가 한순간의 바람이자 이슬이자 촛불임을
알려주는 여러 인물들을 알고 있다.

그들은 모두 다 세상에서 바라보는 최상위의 권력과 부를 가진 사람들
이었다. 그들의 현재의 마음은 어떨까? 그들은 워낙 잘나가고 무서울 게
없는 무소불위의 운을 가지고 있었기 때문에 현실의 불운(不運)이 받아들
이기 힘들 만큼 괴로울 것이다.

귀거래사(歸去來辭)

중국 송(宋)의 시인인 도연명(陶淵明)은 그의 나이 41세 때 마지막 관직
인 팽택현의 지사(知事) 자리를 버리고 세속과 결별하면서 유명한 「귀거
래사(歸去來辭)」를 썼다.

귀거래사는 세속의 부귀영화를 버리고 자연을 벗 삼는 전원생활 속에
서 인간성과 참행복을 되찾는 기쁨을 표현한 글이다. 지금 이 시대에 그
가 쓴 글의 단편을 보며 인생에서 즐거움과 행복은 자연과 일상에도 얼

마든지 있음을 음미해볼 필요가 있다.

"돌아왔노라. 세상과 사귀지 않고 속세와도 단절이다. 세상과 나는 서로 인연을 끊었으니 다시 벼슬길에 올라 무엇을 구하겠는가. 친척들과 정담을 나누며 즐거워하고 거문고를 타고 책을 읽으며 시름을 달래련다. 농부가 내게 찾아와 봄이 왔다고 일러주니 앞으로는 서쪽 밭에 나가 밭을 갈련다. 혹은 장식한 수레를 부르고 혹은 한 척의 배를 저어 깊은 골짜기의 시냇물을 찾아가고 험한 산을 넘어 언덕을 지나가리라. 나무들은 즐거운 듯 생기 있게 자라고 샘물은 졸졸 솟아 흐른다. 만물이 때를 얻어 즐거워하는 것을 부러워하며 나의 생이 머지않았음을 느낀다."

어떤 사람의 불행과 절망은 또 다른 사람들에게는 교훈과 깨달음을 줄수도 있다. 그러나 누구라도 한치 앞도 못 보는 인간이기에 자신의 미래에 대해서 충격적인 사실을 알게 되면 황당하기도 하고 믿지도 않을 것이다. 우리 인간은 한 치 앞도 보지 못하는 미물에 지나지 않는다. 그래서 지금 자신이 권력의 정점에 섰거나 매우 부유하게 살거나 많은 인기를 누리고 있다면 겸손과 겸양을 갖춰야 한다. 언제 어디서 낭떠러지로 떨어질지 모르기 때문이다.

7

날마다 새로워지는 사람이 되라

日日新又日新(일일신우일신)
; 나날이 새로워지고, 또 날로 새로워질지라.
－『大學(대학)』

날마다 반성하는 삶

세상에서 고정되어 있고 변화되지 않는 것은 없다. 다만 우리의 2차원적인 시각으로 보면 멈춰 있는 것처럼 느껴지고 움직이지 않는 것처럼 보일 뿐이다. 우리의 눈에는 고정되어 보이나 세상만물은 변화하면서 새롭게 태어나고 있다. 우리의 몸만 봐도 하루에도 끊임없이 변화되고 있다.

우리 몸의 신생세포와 노화세포의 교체주기를 알면 놀랍다. 1초에 500만 개가 사멸하고 재생된다. 그리고 우리 몸의 인체세포들은 각각 수명이 다르고 일정한 주기에 따라 재생되는데, 약 90% 이상의 세포가 매년 재생되고 크게 5년을 주기로 우리 몸의 모든 세포는 새로 재생된다고 한다. 우리가 감지하지 못할 뿐 우리 몸 속에서는 1초마다 바뀌는 세포, 1년

288

만에 바뀌는 세포, 5년 만에 바뀌는 세포가 있는 것이다. 우리는 5년마다, 1년마다, 매 초마다 다시 태어나고 있는 것이다. 이러한 재생 주기는 나이가 먹어가면서 점차 줄어들게 된다. 세포가 더 이상 재생이 되지 않을 때 우리는 죽음을 맞이한다.

우리의 몸은 날마다 다시 태어나고 있지만 우리의 정신은 과거 속에 현재 속에 머물러 있다. 우리의 정신도 매일 새롭게 태어나지 않으면 우리는 절망과 후회 속에서 살게 된다.

미국의 신학자이며 사회학자인 토니 캄플로 박사는 95세 이상의 노인 50명에게 만약 다시 태어난다면 어떻게 살기를 원하는지를 물었다. 성별이나 직업, 출신지, 생활 환경에 상관없이, 거의 한 세기를 살아온 그들이 주는 교훈은 나름 큰 의미가 있는 연구 결과였다. 그들이 첫 번째로 대답한 말은 이것이었다.

"날마다 반성하는 삶을 살겠다."

100년 가까이 살아본 사람들이 공통적으로 대답한 것이, 되돌아보지 않고 무심하게 흘려보낸 세월에 대한 후회였다.

날마다 반성하는 삶은 어떤 삶일까? 하루하루를 살면서 후회되지 않게 반성하고 개선하는 삶을 말한다. 잘못되었던 것, 하지 못했던 것을 고치지 않고 후회만 늘어놓는다면 다시 삶을 산다고 해도 또 다시 후회되는 삶을 살게 된다. 자신이 반성하게 된 것을 정확히 알고 그것을 개선해서 후회되지 않는 삶을 사는 것이 바로 한 세기를 살아온 분들이 주는 가르침이다.

중국 춘추시대의 유학자 증자(曾子)는 매일 3가지 질문을 하면서 자신을 반성했다고 한다.

"남을 위해 일을 도모하면서 최선을 다했는가? 벗과 사귐에 있어서 신의를 다했는가? 스승으로부터 전수받은 학문을 익히지 않은 바가 없는가?"

반성보다 어려운 것은 개선이다. 누구라도 '앞으로는 어떤 것을 하지 말아야겠다.'라고 마음은 먹는다. 그러나 막상 그것을 실제로 개선하고 바꾸려고 하면 결코 쉽지 않다. 작심삼일(作心三日), 용두사미(龍頭蛇尾)와 같은 실행의 어려움을 토로한 사자성어가 전해져 내려온다. 우리의 조상들도 어떤 결심을 하고 그것을 실행하기가 결코 쉽지가 않았던 것이다.

우리가 작심삼일이라는 악습에서 잘 벗어나지 못하는 이유는 현실에만 빠져 있어서 상대적인 시각을 잊고 살기 때문이다. 만약 주어진 삶이 한 달밖에 없다는 시한부를 선고 받았다면 우리는 하루하루를 무의미하게 보낼 수 있을까? 오늘 해야 할 것을 내일로 미룰 수 있을까?

결국에는 누구나 죽는다. 이 절대적인 사실을 우리는 잊고 산다. 사실 우리 모두는 시한부 인생을 살고 있다.

현재 35세인 사람이 80세까지 산다면 앞으로 살아갈 날은 365일×45년=16,425일이다. 50세인 사람이 80세까지 산다면 10,950일 뿐이다. 수명이 연장되어 90세까지 산다고 해도 3,650일 밖에 연장이 안 된다. 물론 이 계산은 어떤 병도 걸리지 않고 불의의 사고도 생기지 않는다는 전제로 한 것이다. 우리가 자각 못할 뿐이지 오늘 하루는 남아 있는 시한부 인생에서 다시 돌아오지 않는 너무나 귀중한 하루다.

한정되어 있는 시간의 개념도 우리를 자각하게 만드는 중요한 개념이지만 현재 자신보다 불운에 처한 사람들을 바라보아도 건강하게 하루를 맞이할 수 있는 오늘 하루가 소중하게 느껴질 것이다.

나에게 왔던 30대 중반의 여자분은 늦게 결혼을 해서 어린아이가 둘 있었다. 그녀가 처음 왔을 때 여름인데 모자를 쓰고 왔다. 유방암이 발견

되어 치료하는 중에 갑상선과 임파선으로 암이 전이 되어서 항암으로 인한 난 후유증으로 머리가 다 빠진 것이다.

"제 수명이 얼마나 될까요?"

그에게 나는 선뜻 대답을 할 수 없었다. 그녀는 이미 중병이었는데 앞으로도 악운(惡運)의 흐름이 계속 되어보였고 특히 3년 후가 위험해보였다.

"인명(人命)은 재천(在天)입니다. 타고난 명이 있다 하지만 저는 그 명보다 훨씬 길게 사는 경우도 많이 보았습니다. 힘내시고 건강을 회복하셔야죠."
"아이들이 가장 마음에 걸려요. 어느 날은 식당에 갔는데 몸빼바지를 입고 설거지 하는 주방 아줌마가 그렇게 부럽더라고요. 몸만 건강하다면 식당에서 하루 종일 설거지만 해도 더 바랄 게 없겠어요."

그 말이 가슴에 절절히 와닿았다. 몸빼바지 입고 건강하게 설거지 하는 아줌마가 부럽다는 그의 하루는 얼마나 소중하고, 매 시간은 얼마나 아까울까!

운의 기술

사흘만 볼 수 있다면

시각과 청각을 모두 잃은 헬렌 켈러가 쓴 『사흘만 볼 수 있다면』이라는 책에 나오는 내용을 보면 건강하게 사는 인생이 얼마나 큰 축복인지 알게 된다.

어느 날 헬렌 켈러는 한참 동안 숲 속을 산책하고 방금 돌아온 친구에게 무엇을 보았냐고 보았다. 그녀의 친구는 대답했다.

"별로 특별한 게 없었어."

헬렌 켈러는 그 말에 더 놀라워하며 속으로 생각했다.

'아무것도 볼 수 없는 나는 단지 감촉을 통해서도 나를 흥미롭게 해주는 수많은 것들을 발견한다. 나는 잎사귀 하나에서도 정교한 대칭미를 느낀다. 은빛 자작나무의 부드러운 표피를 사랑스러운 듯 어루만지기도 한다. 때때로 이러한 모든 것들을 보고 싶은 열망에 내 가슴은 터질 것만 같다. 단지 감촉을 통해서도 이처럼 많은 기쁨을 얻을 수 있는데 볼 수만 있다면 얼마나 더 많은 아름다움을 발견할 수 있을 것인가?'

우리는 두 눈이 있어 아름다운 세상을 볼 수 있고 두 귀가 있어 감미로

운 음악을 들을 수 있다. 두 손이 있어 무엇이든 만져서 감촉을 느낄 수 있고, 두 발이 있어 가고 싶은 어느 곳이든 갈 수 있다. 하루하루 삶의 여정에서 아침에 눈을 뜨고 낮에 활동을 하며 귀가하면 나를 반겨주는 가족이 있다. 볼 수 있고 들을 수 있고 느낄 수 있고 만질 수 있다는 것에 우리는 매일 감사해야 한다. 우리의 당연한 일상의 행복이 헬렌 켈러와 같은 사람에게는 일생의 소원일 수 있다.

그래서 하루라는 시간, 지금 이 시간을 살아가는 데에 감사해야 한다. 날마다 새로 태어나는 마음으로 현재를 살아야 한다.

당나라 임제선사의 유명한 법문이 있다. "즉시현금(即時現今) 별무시절(別無時節) 수처작주(隨處作主) 입처개진(立處皆眞)"이라는 글이다. 이를 해석하면 이런 뜻이다.

"바로 지금 현재는 다시 그 시간이 돌아오지 않는다. 어느 곳에 있든지 주인이 되어라. 지금 있는 곳이 모두 진리다."

찰나마다 시작과 끝이 있고 호흡지간에도 생사가 있다고 석가모니는 말했다. 또한 우주 만물은 진공(眞空)속에서 서로 원인과 결과 속에서 만나고, 인연 따라 끊임없이 순간마다 변화는 것이 진리라고 말한다. 이것을 한마디로 '진공묘유(眞空妙有)'라고 표현한다.

우리는 날마다 다시 태어나고 있다. 그것을 자각할 수 있어야 한다. 모든 것이 변하고 변하는데 자신의 의식만이 고정관념으로 과거의 나로서 머물러 있다. 자신의 주관에 빠져서 넓은 세상을 바라보지 못한다면 후회되는 인생을 살게 된다.

보지도 못하고 들리지도 않고 말도 하지 못하면서 기적 같은 삶을 살았던 헬렌 켈러가 했던 명언을 다시 음미해보면서 우리는 날마다 새롭게 태어나야 한다.

"내일이면 눈이 멀지도 모른다는 생각으로 당신의 눈을 사용하라. 내일이면 귀가 멀게 될 사람처럼 음악을 감상하고 새들의 노랫소리를 듣고 오케스트라의 멋진 하모니를 음미하라. 내일이면 다시는 냄새도 맛도 느끼지 못할 사람처럼 꽃들의 향기를 맡아보고 온갖 음식의 한 숟갈 한 숟갈을 맛보도록 하라."

3대 미술 천재들

빈센트 반 고흐

19세기 후반 네덜란드의 후기 인상주의 화가로 고독 속에 살다간 천재 화가다. 그는 1853년 양력 3월 30일에 태어나서 1890년 양력 7월 29일 37세 나이로 사망했다. 영혼의 화가, 빛의 화가, 해바라기의 화가로 불리는 빈센트 반 고흐는 우리나라에서 가장 인기 있는 서양화가 중 한 사람이다. 살아서 단 한 점의 그림을 팔았을 만큼 무명이었고, 궁핍과 정신질환으로 고통스런 삶을 살다 사후 재평가된 '시대를 앞서 나간 천재 예술가'의 대표적인 아이콘이기도 하다.

역학상으로 그는 음력 2월의 태양자리로 태어났다. 태양은 태양계의 중심의 별이다. 자신만의 주관과 개성이 강하다는 이야기다. 특히 월주

(月柱)에 자리 잡고 있는 동방(東方)목(木)의 정인(正印)격의 기운은 누구에게 아쉬운 소리도 못하는 자존심을 대표하고 임기응변과는 거리가 먼 고지식함도 나타낸다. 목(木)의 기운은 그 자체로 고뇌하고 연구하는 학자성의 기운이다. 이 학자성의 기운이 일지(日支)에서 살(殺)을 맞고 있다. 이 살(殺)이 그에게는 광기 어린 창의성과 천재적인 창작성을 줬다. 세상에 드러나고 하늘의 제왕인 태양을 가리는 차가운 물의 기운이 그의 사주 곳곳에 포진되어 있고 그가 위대한 작품을 그리고 죽기 전까지 28세부터 38세까지의 대운(大運)은 가장 강한 태양과 정반대되는 가장 큰 물인 양수(陽水)의 기운이었다. 죽기 직전까지 단 한 점의 그림만 팔고 춥고 배고픈 불행한 삶을 살았던 그의 인생이 자연의 기운에 그대로 드러난 것이다. 사후(死後)에 존경받고 위대한 인물로 등재되는 것은 역학상으로 볼 때는 큰 의미가 없다. 사주는 그 사람 개인의 희로애락을 읽어주는 학문이기 때문이다. 그의 천재적인 재능이 개인에게는 불행이었지만 인류에게는 예술의 새 지평을 연 위대한 반향이었다.

파블로 피카소

세기가 낳은 천재. 20세기를 대표하는 스페인 입체파 화가로 오랜 수명을 누리며 회화, 조각, 소묘, 판화, 도예 등 20세기 예술 전반에 혁명을 일으킨 현대 미술 최고의 거장이다. 그는 1881년 양력 10월 25일 스페인

에서 태어나 1973년 4월 8일 91세로 사망했다. 빈센트 반 고흐가 궁핍하고 불행한 천재 화가의 대명사였다면 피카소는 살아 있을 때 돈, 명예, 여자 모든 것을 가진 가장 성공한 예술인이었다. 그의 천재성만큼이나 유명했던 여성 편력은 사주에 수기(水氣)가 강하고 지지(地支)의 물상의 기운 때문이다. 그의 나이 25세로 접어드는 1906년에 입체주의의 시작을 알리는 〈아비뇽의 처녀들〉을 제작하기 시작한다. 피카소는 이 그림으로 근대 미술, 즉 20세기 회화의 포문을 연다.

역학상으로 볼 때 26세부터 정확히 상관(傷官)의 대운(大運)이 시작된다. 상관은 창조성과 천재성의 대명사다. 놀랍지 않은가. 창조성과 창의성, 천재성으로 대표되는 많은 인물들이 이 상관의 기운(氣運) 때 자신의 재능을 발휘한다. 피카소는 26세부터 30년간 남방(南方)화(火)기운이 들어오고 56세부터 30년간 불의 기운을 살려주는 동방(東方)목(木)의 기운이 들어온다. 그의 천기(天氣)는 강한 양수(陽水)의 기운이 강하고 목기(木氣)와 화기(火氣)가 절대적으로 필요하다. 가장 필요한 기운이 거의 인생

전반에 들어온다. 좋은 길운(吉運)이 이렇게 길게 들어오는 것도 힘들다. 천재적인 재능을 가지고 있어도 자신이 살아있을 때 운(運)이 들어와야 복록(福祿)을 누린다.

마르크 샤갈

샤갈은 1887년 양력 7월 7일에 러시아에서 태어나서 1985년 향년 97세 나이로 사망했다. 샤갈은 러시아 출신의 프랑스 화가로 러시아의 민간 설화와 유대인의 생활상, 성서에서 영감을 받아 인간의 근원적인 향수와 동경, 꿈, 그리움, 사랑 등을 다채로운 색채로 나타내 '색채의 마술사' 불린다. 내면의 시적 감성을 열정적이고 서정적으로 표현한 작품들로 샤갈은 오늘날 가장 대중적으로 인기 있는 근대 회화가 중 한 사람이다.

역학적으로 볼 때 샤갈도 운로(運路)의 흐름이 좋은 사람이다. 1914년 그의 나이 26세 때 베를린 슈트룸 갤러리에서 첫 번째 개인전을 열었다. 〈내 약혼녀에게〉, 〈골고다〉 등을 공개한 이 전시회는 큰 성공을 거두었는데 이때가 대운(大運)의 흐름이 갑진(甲辰)운으로 상관(傷官)의 기운이었다. 샤갈도 창의성을 상징하는 상관의 대운 때 그의 재능이 세상에 알려지게 된 것이다. 1926년 그의 나이 38세부터 뉴욕에서 첫 개인전을 열면서 국제적으로 높은 명성을 얻었다. 1944년 아내 벨라가 죽은 이후 인생의 영광과 고난, 절망을 모두 맛본 노년의 화가는 기독교 신앙과 일상적인 경험을 친근하고 소박하게, 천진난만한 필치로 그리기 시작했다.

아내가 죽은 후 샤갈은 이렇게 말했다.

"암흑이 내 눈앞으로 모여들었다."

실의에 빠져 9개월간 붓을 들 수 없었다고 한다. 하지만 51세부터 80세까지의 30년 동안 그의 대운(大運)의 흐름은 북방(北方)수(水)로 흘러가면서 길운(吉運)으로 흘러간다. 그리고 81세부터 흘러오는 대운의 흐름도 좋게 간다. 재능은 누구나 있을 수 있지만 그 재능을 세상에 꽃을 피우려면 타고난 천기(天氣)가 받쳐줘야 한다. 20세기를 빛낸 또 한명의 예술가는 이렇게 탄생한 것이다.

〈삼나무가 있는 밀밭〉, 빈센트 반 고흐, 1889.

복은내안에다있다

모든 학문이 마찬가지지만 역학계에서는 스승을 잘 만나는 것이 무엇보다 중요하다. 역학(易學)이라는 분야는 결코 이론으로만 되지 않는다. 실전을 겸한 현장의 이론이 필요하기 때문에 수많은 임상 사례를 했던 스승을 만나지 못하면 역학자는 될 수 있을지언정 역술가가 되기는 힘들다. 필자는 스승 복(福)이 참 많다. 필자는 세 분의 스승님을 만났다. 모두가 호탕하시고 미천한 제자에게 하나라도 더 가르쳐주려는 진정한 스승들이셨다. 스승을 한 사람만 두면 되지 왜 세 분이나 모시게 됐냐면 학문의 진리에 대한 갈증과 젊은 혈기로 인한 당돌함 때문이었다.

맨 처음 만난 분은 타고난 명과 운을 보는 명리학계의 스승님이셨다. 고등학교 때부터 명리학을 독학으로 했던 필자는 스스로 공부를 많이 했다고 자만에 빠졌었다. 왜냐면 명리의 세계는 많은 한자도 필요 없고 입문(入門)이 쉬워서였다. 첫 번째 스승님이 낸 책을 보고 만나뵌 후 제자로 입문했다. 필자는 입문하기 전 스승님께 당돌하게 질문을 했다.

"제가 스승님에게 배우면 사람들의 운명을 100% 다 알 수 있나요?"

스승님은 내게 꿀밤을 때리면서 답해주셨다.

"이놈아, 일단 잘 배우기나 해라. 내가 없는 학문을 너에게 가르치겠느냐?"

필자는 그렇게 야단을 맞은 후 역학의 세계에 정식으로 입문했다. 스승님은 어느 정도 때가 되자 필자에게 상담실을 차려서 실전을 해보라고 했다. 자신이 살아있을 때 실전을 해보고 궁금한 것은 물어보라는 말씀이셨다. 참으로 어진 그 마음에 감사할 따름이다.

필자는 인덕이 좋아서 골목길에 큰 간판도 없이 상담실을 열었는데 소문에 소문을 듣고 많은 분들이 방문해주셨다. 그런데 다양한 임상 사례가 늘어나면서 조금씩 맞지 않는 경우가 생겼다. 스승님의 이론이 현실에서 약 30% 정도 오차가 생기는 것을 발견한 것이다. 그때는 젊은 혈기에 그 정도의 오차는 용납이 되지 않았다. 필자는 실전(實戰) 명리학에서 우리 스승님보다 더 뛰어난 분을 볼 수 없었다. 그래서 운명은 명리학으로는 볼 수 없는 분야가 있다는 것을 깨닫고 역학(易學)의 다른 분야를 찾아나섰다. 명리학 다음으로 만난 분야는 숫자로써 모든 이치를 파악할 수 있는 수리학이었다. 그리고 세 번째로 만났던 학문이 천문육임(天文六壬)이다. 천문육임은 시간으로 포국(布局)을 짜서 운로(運路)를 해석하는 분야이다.

이렇게까지 했음에도 여전히 현실에서 오차는 생겼다. 그래서 그 후 개운(開運)학(學)에 눈을 떴다. 타고난 숙명의 천기는 바꿀 수 없지만 이 책 전반에 걸쳐서 강조한 후천적인 운기(運氣), 즉 지기(地氣)와 인기(人氣) 분야인 풍수, 방위학, 궁합법 등을 연구해보면서 왜 그런 오차가 생겼는지 이해가 되었다.

맨 처음부터 타고난 숙명이 100% 존재할 것이라는 운명론에 빠져서 공부를 하니 답이 안 나왔던 것이다. 변하지만 변하지 않는 역학의 세계에서 고정되고 움직이지 않는 세계를 좇는 어리석음을 범한 것이다.

우주의 모든 이치는 변하고 순환이 된다. 타고난 천기는 양기로서 어떤 틀이라고 한다면, 지기와 인기는 그 틀 안에 채울 수 있는 음기로서 공간의 기라고 생각하면 된다. 이 변역의 원리와 기운의 원리를 알면 운명이 숙명이 될 수 있는 이치와 운명은 바꿀 수 있다는 개운의 원리까지 알게 된다.

동양학의 세계는 참으로 방대하고 마르지 않는 지혜의 바다이다. 이 책을 통해 서양의 정신세계보다 1,000년 이상 앞서 있는 동양학의 정신세계를 어느 정도 알게 됐다면 필자는 그것만으로도 어느 정도 내 소임을 다했다고 생각한다.

"복(福)이 있는 곳에 화(禍)가 깃들어 있고, 화가 있는 곳에 복이 숨어 있으니 그 궁극의 끝을 누가 알겠는가?"

『도덕경(道德經)』에 나오는 말이다.

역(易)의 세계에 들어와서 수많은 인생을 보면서 복(福)이 화(禍)가 되고 화(禍)가 복(福)이 되는 이치를 수없이 지켜보았다. 이러한 이치가 특별할 게 없는 것이 우주 자연의 모든 원리가 이와 같기 때문이다. 삶이 있으면 죽음이 있고 죽음이 있으면 새로운 생명이 탄생한다. 겨울이 지나면 봄이 오고 오곡백과가 풍성한 가을이 지나면 모든 것이 시들고 얼어버리는 겨울이 다시 온다. 자연의 진리를 깨닫는다면 우리는 인생(人生)의 일상사(日常事)에서 초연(超然)함을 유지할 수 있을 것이다.

진리는 먼 곳에 있지 않다.

"天下大寶(천하대보) 正眞無外(정진무외)

無窮造化(무궁조화) 各世自己(각세자기)"

하늘 아래 큰 보물을 밖에서 구하려 하지 말라. 너(내)의 안에 다 갖추어져 있느니라.'

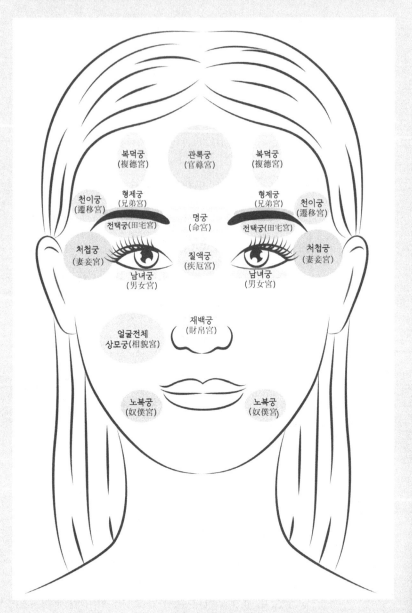

관상 12궁도

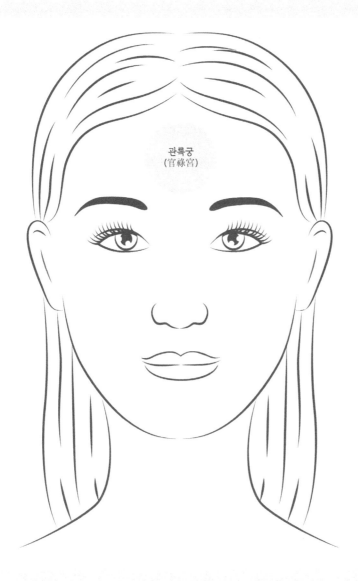

관록궁
(官祿宮)

관록궁(官祿宮) : 이마 한가운데를 말하며 지위·명예·직업운을 본다. 이곳
이 푹 들어가 있지 않고 맑고 윤택하면 좋은 상이라 본다.

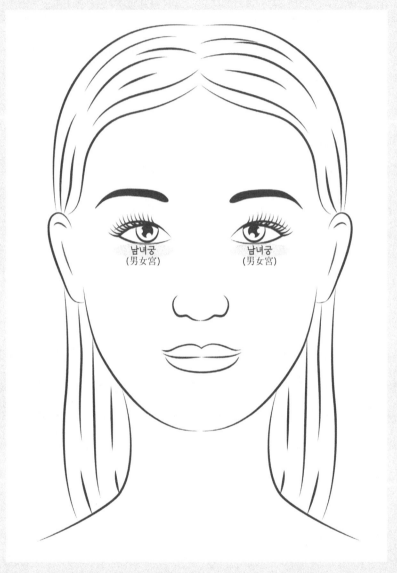

남녀궁(男女宮)
(男女宮)

남녀궁(男女宮) : 눈 밑 부분 와잠 또는 누당이라 하며 요즘은 애교살이라고
부르고 정력 · 이성 관계 · 자녀운을 본다.

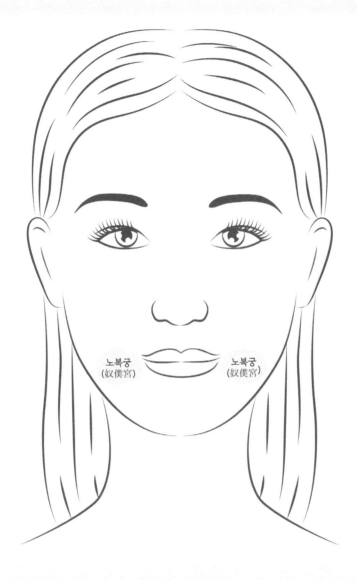

노복궁
(奴僕宮)

노복궁
(奴僕宮)

노복궁(奴僕宮) : 법령의 끝, 턱의 좌우 부분으로 아랫사람이나 고용인 · 부하
운과 만년운 · 주거운을 본다.

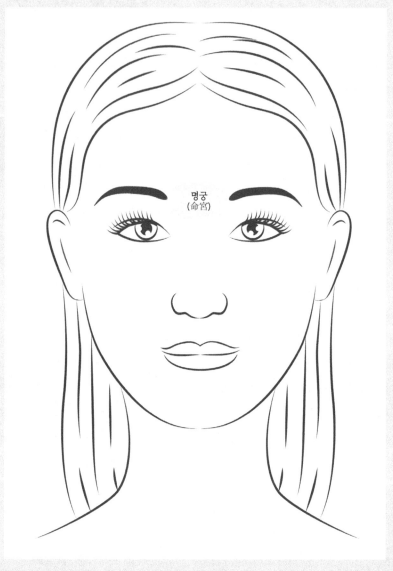

명궁(命宮) : 눈썹과 눈썹 사이 미간을 말하며, 희망 · 생활력 · 건강 · 정신력
을 나타낸다.

운의 기술

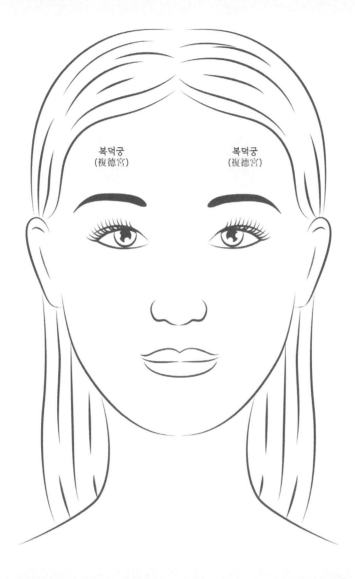

복덕궁(複德宮) : 눈 끝 꼬리의 윗부분으로 금전운과 재물을 불리는 능력과 인
간관계를 본다.

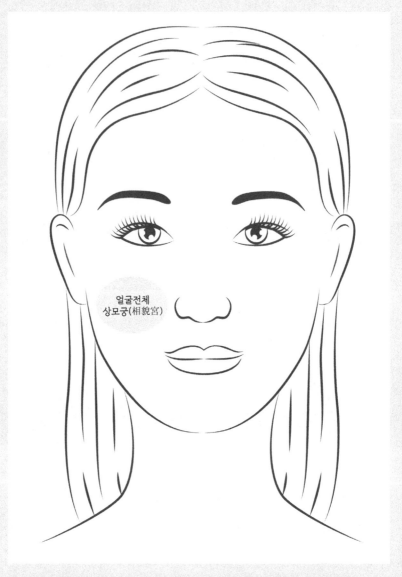

얼굴전체
상모궁(相貌宮)

상모궁(相貌宮) : 얼굴 전체를 일컫는다. 인격 · 건강 · 말년운을 본다.

운의 기술

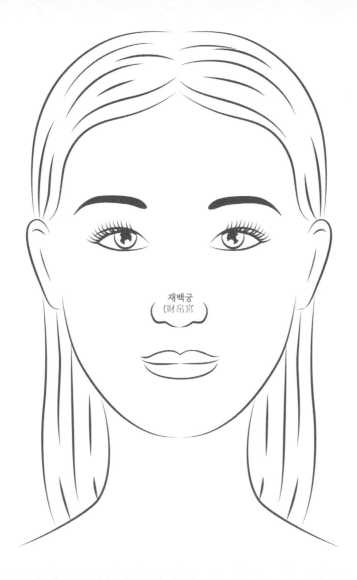

재백궁(財帛宮) : 코 부분으로 재운을 본다.

전택궁(田宅宮) : 눈썹과 눈 사이를 일컬으며 부동산운 · 인기운 · 애정운 · 가정운을 본다.

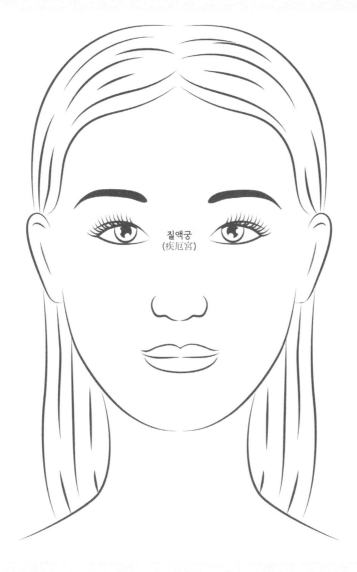

질액궁
(疾厄宮)

질액궁(疾厄宮) : 눈과 눈 사이 산근이라 부르는 곳으로 건강운과 질병, 재난
의 유무를 본다.

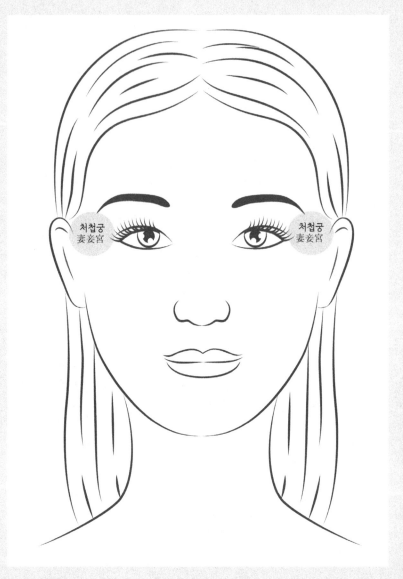

처첩궁(妻妾宮) : 어미 또는 간문이라 부르는 부위로 눈 꼬리와 귀 사이를 나타내며 배우자운(결혼운)을 본다.

운의 기술

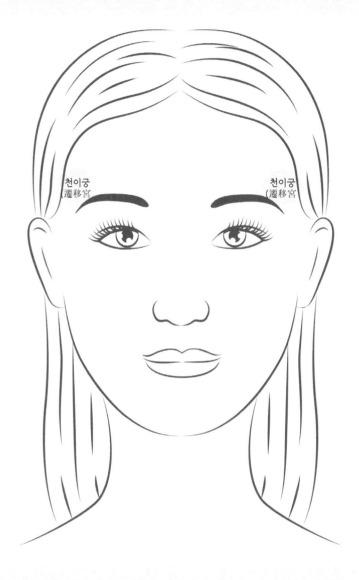

천이궁(遷移宮) : 두 눈썹의 꼬리 위에서 머리털이 난 사이를 일컫는다. 여
행 · 이동과 사물의 변화를 본다.

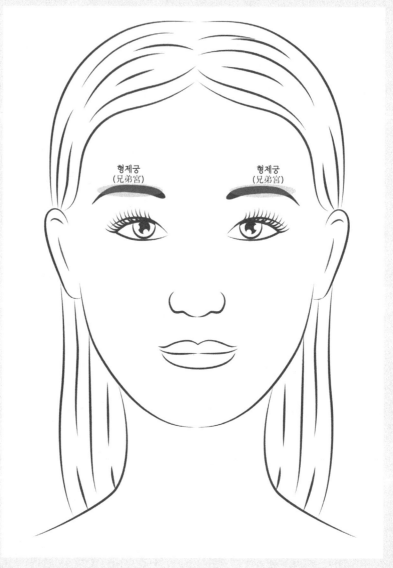

형제궁(兄弟宮)
(兄弟宮)

형제궁(兄弟宮) : 다른 말로 보수궁이라고도 한다. 눈썹부위을 지칭하며 재
능 · 수명 · 자녀와 형제운을 본다.

천생(天生)의 연분(緣分)으로 만나 현모(賢母)와 양처(良妻)의 역할을 해주는 '태연'님과 나의 분신(分身)인 '유이'와 '별'이에게 이 책을 바친다.

천지인 기운(天地人氣運)의 균형(均衡)과 조정(調整) 연수 교육 안내

천기(天氣)와 내 운로(運路)만을 아는 것만으로는 운명(運命)에 변화가 없습니다. 자신의 천기(天氣)를 제대로 파악한 후 부족한 것을 지기(地氣)와 인기(人氣)로써 보완해 주어야 합니다.

최인태 선생님이 학문과 수행을 통해서 알아낸 운명(運命)개운법(開運法)을 다음과 같이 진행하고 있습니다.

· **천기분야**(天氣分野) : 명리학(命理學), 수리학(數理學), 천문육임(天文六壬), 구궁학(九宮學), 관상학(觀相學)

· **지기분야**(地氣分野) : 금일법(金一法), 풍수학(風水學), 기혈조정(氣穴調整)을 통한 양자파동(量子波動), 몸과 마음의 기운(氣運)조정(調整)과 균형(均衡)

· **인기분야**(人氣分野) : 궁합(宮合), 인연법(因緣法), 영혼인연(靈魂因緣)의 기운(氣運)조정(調整)과 균형(均衡)

천지인(天地人)의 운명(運命)개운법(開運法)에 관심이 있는 분들은 최인태 천문역원(天文易院)이나 블로그에 들어오셔서 문의하시면 됩니다.

최인태 천문역원(天文易院): 010. 9203. 9723

블로그: https://m.blog.naver.com/sumoks

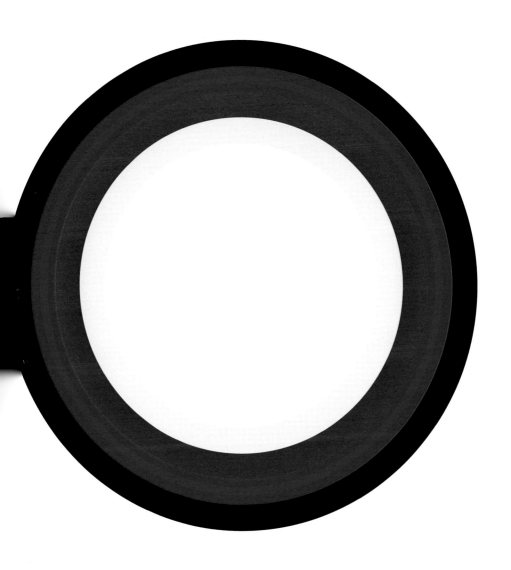

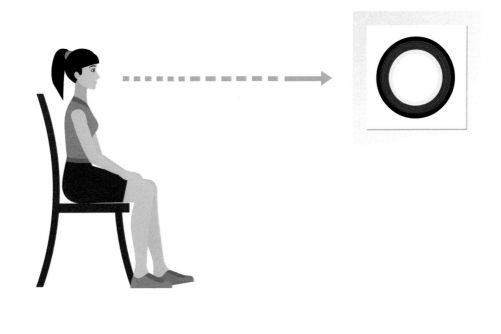

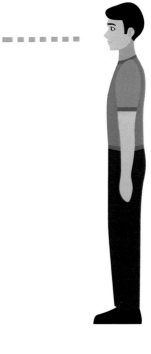